Nolte (Hrsg.)

NIS-II-Richtlinie mit Erwägungsgründen
Richtlinie (EU) 2022/2555

NIS-II-Richtlinie mit Erwägungsgründen

Richtlinie (EU) 2022/2555

Vorschriftensammlung

Herausgegeben von
Andreas Maximilian Nolte

1. Auflage 2024
Stand: 07.09.2024

© 2024 Fachverlag Europäisches Compliancerecht

Kammerer Str. 72, 83278 Traunstein

ISBN Softcover: 978-3-384-34769-5

Druck und Distribution im Auftrag:

tredition GmbH

Heinz-Beusen-Stieg 5, 22926 Ahrensburg

Satz: Vorlagen des Autors

Umschlaggestaltung:

Fachverlag Europäisches Compliancerecht

Der Fachverlag Europäisches Compliancerecht befindet

sich in Rechtsträgerschaft der

DigiConsult Deutschland GmbH

www.fachverlag-ecr.de

**Bibliographische Information der Deutschen Natio-
nalbibliothek:**
Die Deutsche Nationalbibliothek verzeichnet diese Pu-
blikation in der Deutschen Nationalbibliografie; detaillierte bibliografische Daten sind im Internet über
http://dnb.dnb.de abrufbar.

Erschienen in der Reihe

Begleitwort

Digitalisierung ist wertlos, wenn elektronische Datenverarbeitungseinrichtungen keine Integrität aufweisen. Durch unsere technologisch immer weiter von digitalen Datenverarbeitungsvorgängen abhängigen Welt ist eine entsprechende Absicherung von digitalen Datenverarbeitungsvorgängen und die sie durchführenden EDV-Einrichtungen essentiell, um auch in Zukunft sichere, digitale Datenverarbeitungen durchführen zu können. Nicht zuletzt schreibt die Datenschutzgrundverordnung (DS-GVO) in ihren Grundsätzen für die Datenverarbeitung vor, dass selbige „in einer Weise verarbeitet werden [müssen, d.V.], die eine angemessene Sicherheit der personenbezogenen Daten gewährleistet, einschließlich Schutz vor unbefugter oder unrechtmäßiger Verarbeitung"[1]. Ferner sind sie nach den Grundsätzen der Integrität und Vertraulichkeit „vor unbeabsichtigtem Verlust, unbeabsichtigter Zerstörung oder unbeabsichtigter Schädigung durch geeignete technische und organisatorische Maßnahmen"[2] zu schützen.

Der Begriff *Cyber-Sicherheit* prägt nunmehr die Bemühungen von Unternehmen, Behörden und sonstigen Organisationen. Insbesondere eine relevante Bußgeldandrohung in zweistelliger Millionenhöhe und Imageschäden machen eine Befassung mit der Thematik unausweichlich.

---

[1] Art. 5 Abs. 1 lit. f DS-GVO.

[2] Ebenda.

Die NIS-II-Richtlinie (Richtlinie (EU) 2022/2555) löst die vorangehende NIS-Richtlinie aus dem Jahr 2016 ab. Mit der neuen NIS-Richtlinie verfolgt der EU-Gesetzgeber ein höheres Schutzniveau in Sachen Cyber-Security und dehnt gleichzeitig das Anforderungsniveau auf viele neue Branchensektoren aus. Unmittelbar soll hierdurch die Resilienz in Sachen Cyber-Sicherheit der verpflichteten Organisationen gestärkt und das Vertrauen in die digitale Datenverarbeitung weiter sichergestellt werden. Insoweit sind schätzungsweise eine mittlere fünfstellige Zahl von Unternehmen vom Anwendungsbereich der Vorschriften betroffen.

Zum Stand der Drucklegung dieses Werkes wurde das zugehörige *NIS-2-Umsetzungs- und Cybersicherheitsstärkungsgesetz* auf Bundesebene noch nicht endgültig durch den Deutschen Bundestag und den Bundesrat beschlossen. Vielmehr liegt ein Regierungsentwurf vom 24.07.2024 vor, welcher auch durch das interessierte Fachpublikum auf den Webseiten des *Bundesministeriums des Innern und für Heimat* eingesehen werden kann[3].

Vorliegende Einzelvorschrift ist als praktisches Textbuch für die tägliche Berufspraxis und Studium konzipiert. Es soll ermüdungsfreies Lesen auch bei mehrstündigem Arbeiten gewährleisten.

---

[3] Vgl. https://www.bmi.bund.de/SharedDocs/gesetzgebungsverfahren/DE/CI1/nis2umsucg.html (abgerufen am 08.09.2024).

Der Herausgeber freut sich stets über Feedback und Anregungen zu der vorliegenden Auflage dieses Werkes, am besten per E-Mail an buero-nolte@am-nolte.de.

Traunstein, im Sommer 2024

Andreas Maximilian Nolte

II. NIS-II-Richtlinie

Inhaltsübersicht[1]

Seite

---

[1] Die Inhaltsübersicht ist nichtamtlich.

NIS-II-Richtlinie

RICHTLINIE (EU) 2022/2555 DES EUROPÄISCHEN PARLAMENTS UND DES RATES

vom 14. Dezember 2022

über Maßnahmen für ein hohes gemeinsames Cybersicherheitsniveau in der Union, zur Änderung der Verordnung (EU) Nr. 910/2014 und der Richtlinie (EU) 2018/1972 sowie zur Aufhebung der Richtlinie (EU) 2016/1148 (NIS-2-Richtlinie)

(Text von Bedeutung für den EWR)

DAS EUROPÄISCHE PARLAMENT UND DER RAT DER EUROPÄISCHEN UNION —

gestützt auf den Vertrag über die Arbeitsweise der Europäischen Union, insbesondere auf Artikel 114,

auf Vorschlag der Europäischen Kommission,

nach Zuleitung des Entwurfs des Gesetzgebungsakts an die nationalen Parlamente,

nach Stellungnahme der Europäischen Zentralbank,

nach Stellungnahme des Europäischen Wirtschafts- und Sozialausschusses,

nach Anhörung des Ausschusses der Regionen,

gemäß dem ordentlichen Gesetzgebungsverfahren,

in Erwägung nachstehender Gründe:

(1)   Ziel der Richtlinie (EU) 2016/1148 des Europäischen Parlaments und des Rates war der unionsweite Aufbau von Cybersicherheitskapazitäten, die Eindämmung von Bedrohungen für Netz- und In-

formationssysteme, die zur Erbringung wesentlicher Dienste in Schlüsselsektoren verwendet werden, und die Sicherstellung der Kontinuität solcher Dienste bei Vorfällen, um so zur Sicherheit der Union und zum reibungslosen Funktionieren ihrer Wirtschaft und Gesellschaft beizutragen.

(2) Seit Inkrafttreten der Richtlinie (EU) 2016/1148 sind erhebliche Fortschritte bei der Stärkung der Cyberresilienz der Union erzielt worden. Die Überprüfung jener Richtlinie hat gezeigt, dass sie als Katalysator für das institutionelle und regulatorische Cybersicherheitskonzept in der Union gedient und ein erhebliches Umdenken bewirkt hat. Durch die Einrichtung nationaler Strategien für die Sicherheit von Netz- und Informationssystemen, die Schaffung nationaler Kapazitäten und die Umsetzung von Regulierungsmaßnahmen für Infrastrukturen und Akteure, die von den einzelnen Mitgliedstaaten als wesentlich eingestuft wurden, wurde mit jener Richtlinie die Vervollständigung der nationalen Rechtsrahmen über die Sicherheit von Netz- und Informationssystemen sichergestellt. Darüber hinaus hat die Richtlinie (EU) 2016/1148 durch die Einrichtung der Kooperationsgruppe und des Netzwerks nationaler Computer-Notfallteams zur Zusammenarbeit auf Unionsebene beigetragen. Ungeachtet dieser Erfolge hat die Überprüfung der Richtlinie (EU) 2016/1148 inhärente Mängel ergeben, die ein wirksames Vorgehen gegen aktuelle und neue Herausforderungen im Bereich Cybersicherheit verhindern.

(3) Netz- und Informationssysteme sind durch den schnellen digitalen Wandel und die Vernetzung der Gesellschaft zu einem zentralen Bestandteil des Alltags und für den grenzüberschreitenden Austausch geworden. Diese Entwicklung hat zu einer Ausweitung der Cyberbedrohungslage geführt und neue Herausforderungen mit sich gebracht, die in allen Mitgliedstaaten entsprechende koordinierte und innovative Reaktionen erfordern. Die Anzahl, Tragweite, Komplexität, Häufigkeit und Auswirkun-

gen von Vorfällen nehmen zu und stellen eine erhebliche Bedrohung für den störungsfreien Betrieb von Netz- und Informationssystemen dar. Im Ergebnis können Vorfälle die Ausübung wirtschaftlicher Tätigkeiten im Binnenmarkt beeinträchtigen, finanziellen Verlust verursachen, das Vertrauen der Nutzer untergraben und der Wirtschaft und Gesellschaft der Union großen Schaden zufügen. Heute sind daher im Bereich Cybersicherheit Vorsorge und Wirksamkeit wichtiger denn je für das reibungslose Funktionieren des Binnenmarkts. Darüber hinaus ist die Cybersicherheit für viele kritische Sektoren eine entscheidende Voraussetzung, um den digitalen Wandel erfolgreich zu bewältigen und die wirtschaftlichen, sozialen und dauerhaften Vorteile der Digitalisierung voll zu nutzen.

(4)   Rechtsgrundlage der Richtlinie (EU) 2016/1148 war Artikel 114 des Vertrags über die Arbeitsweise der Europäischen Union (AEUV), der verstärkte Maßnahmen zur Angleichung der einzelstaatlichen Vorschriften vorsieht, die die Errichtung und das Funktionieren des Binnenmarkts zum Gegenstand haben. Die Anforderungen an die Cybersicherheit, die Einrichtungen, die Dienste erbringen oder wirtschaftlich signifikante Tätigkeiten ausüben, auferlegt werden, unterscheiden sich von Mitgliedstaat zu Mitgliedstaat erheblich in Bezug auf die Art der Anforderungen, ihre Detailliertheit und die Art der Aufsicht. Diese Unterschiede verursachen zusätzliche Kosten und führen zu Schwierigkeiten für Einrichtungen, die Waren oder Dienste grenzüberschreitend anbieten. Anforderungen, die von einem Mitgliedstaat auferlegt werden und sich von denen eines anderen Mitgliedstaats unterscheiden oder sogar im Widerspruch zu ihnen stehen, können derartige grenzüberschreitenden Tätigkeiten wesentlich beeinträchtigen. Darüber hinaus dürfte, insbesondere angesichts der Intensität des grenzüberschreitenden Austauschs, eine etwaige unangemessene Gestaltung oder Umsetzung von Cybersicherheitsanforderungen in einem Mitgliedstaat Auswirkungen auf das Cybersicherheitsniveau an-

derer Mitgliedstaaten haben. Die Überprüfung der Richtlinie (EU) 2016/1148 hat gezeigt, dass die Mitgliedstaaten die Richtlinie sehr unterschiedlich umsetzen, unter anderem in Bezug auf ihren Anwendungsbereich, dessen Abgrenzung weitgehend im Ermessen der Mitgliedstaaten lag. In der Richtlinie (EU) 2016/1148 wurde den Mitgliedstaaten auch ein sehr großer Ermessensspielraum bei der Umsetzung der in der Richtlinie festgelegten Verpflichtungen in Bezug auf die Sicherheit und die Meldung von Sicherheitsvorfällen eingeräumt. Diese Verpflichtungen wurden daher auf nationaler Ebene auf sehr unterschiedliche Weise umgesetzt. Ähnliche Unterschiede gibt es bei der Umsetzung der in der Richtlinie (EU) 2016/1148 enthaltenen Bestimmungen zu Aufsicht und Durchsetzung.

(5)   All diese Unterschiede führen zu einer Fragmentierung des Binnenmarkts und können sich nachteilig auf dessen Funktionieren auswirken und aufgrund der Anwendung einer Vielzahl von Maßnahmen insbesondere die grenzüberschreitende Erbringung von Diensten und das Niveau der Cyberresilienz beeinträchtigen. Letztendlich könnten diese Unterschiede zu einer höheren Anfälligkeit einiger Mitgliedstaaten gegenüber Cyberbedrohungen führen, deren Auswirkungen auf die gesamte Union übergreifen könnten. Ziel der vorliegenden Richtlinie ist, diese großen Unterschiede zwischen den Mitgliedstaaten zu beseitigen, indem insbesondere Mindestvorschriften für einen funktionierenden und koordinierten Rechtsrahmen festgelegt werden, Mechanismen für die wirksame Zusammenarbeit zwischen den zuständigen Behörden in den einzelnen Mitgliedstaaten vorgesehen werden, die Liste der Sektoren und Tätigkeiten, die Pflichten im Hinblick auf die Cybersicherheit unterliegen, aktualisiert wird und wirksame Abhilfemaßnahmen und Durchsetzungsmaßnahmen, die für die wirksame Durchsetzung dieser Verpflichtungen von entscheidender Bedeutung sind, eingeführt werden. Daher sollte die Richtlinie (EU) 2016/1148 aufgehoben

und durch die vorliegende Richtlinie ersetzt werden.

(6) Mit der Aufhebung der Richtlinie (EU) 2016/1148 sollte der Anwendungsbereich nach Sektoren auf einen größeren Teil der Wirtschaft ausgeweitet werden, um eine umfassende Abdeckung der Sektoren und Dienste zu gewährleisten, die im Binnenmarkt für grundlegende gesellschaftliche und wirtschaftliche Tätigkeiten von entscheidender Bedeutung sind. Diese Richtlinie zielt darauf insbesondere darauf ab, die Mängel bei der Differenzierung zwischen Betreibern wesentlicher Dienste und Anbietern digitaler Dienste zu beheben, die sich als überholt erwiesen hat, da sie nicht die tatsächliche Bedeutung der Sektoren oder Dienste für die gesellschaftlichen und wirtschaftlichen Tätigkeiten im Binnenmarkt widerspiegelt.

(7) Gemäß der Richtlinie (EU) 2016/1148 waren die Mitgliedstaaten dafür zuständig zu ermitteln, welche Einrichtungen die Kriterien für die Einstufung als Betreiber wesentlicher Dienste erfüllen. Um die diesbezüglichen großen Unterschiede zwischen den Mitgliedstaaten zu beheben und für alle relevanten Einrichtungen Rechtssicherheit hinsichtlich der Risikomanagementmaßnahmen im Bereich der Cybersicherheit und der Berichtspflichten zu gewährleisten, sollte ein einheitliches Kriterium dafür festgelegt werden, welche Einrichtungen in den Anwendungsbereich der vorliegenden Richtlinie fallen. Dieses Kriterium sollte in der Anwendung des Schwellenwerts für die Größe bestehen, nach der alle Einrichtungen, die nach Artikel 2 des Anhangs der Empfehlung 2003/361/EG der Kommission als mittlere Unternehmen gelten oder die Schwellenwerte für mittlere Unternehmen nach Absatz 1 jenes Artikels überschreiten und die in den Sektoren tätig sind und die Art von Diensten erbringen, die unter die vorliegende Richtlinie fallen, in den Anwendungsbereich der Richtlinie fallen. Die Mitgliedstaaten sollten auch vorsehen, dass bestimmte Kleinunternehmen und Kleinstun-

ternehmen im Sinne von Artikel 2 Absätze 2 und 3 jenes Anhangs, die bestimmte Kriterien erfüllen, die auf eine Schlüsselrolle für die Gesellschaft, die Wirtschaft oder für bestimmte Sektoren oder Arten von Diensten hindeuten, in den Anwendungsbereich dieser Richtlinie fallen.

(8) Der Ausschluss von Einrichtungen der öffentlichen Verwaltung aus dem Anwendungsbereich dieser Richtlinie sollte für Einrichtungen gelten, deren Tätigkeiten überwiegend in den Bereichen nationale Sicherheit, öffentliche Sicherheit, Verteidigung oder Strafverfolgung, einschließlich der Verhütung, Ermittlung, Aufdeckung und Verfolgung von Straftaten, ausgeübt werden. Einrichtungen der öffentlichen Verwaltung, deren Tätigkeiten nur geringfügig mit diesen Bereichen zusammenhängen, sollten jedoch nicht vom Anwendungsbereich dieser Richtlinie ausgenommen werden. Für die Zwecke dieser Richtlinie gelten Einrichtungen mit Regulierungskompetenzen nicht als Einrichtungen, die Tätigkeiten im Bereich der Strafverfolgung ausüben, und sind demnach nicht aus diesem Grunde vom Anwendungsbereich dieser Richtlinie ausgenommen. Einrichtungen der öffentlichen Verwaltung, die gemäß einer internationalen Übereinkunft gemeinsam mit einem Drittland gegründet wurden, sind vom Anwendungsbereich dieser Richtlinie ausgenommen. Diese Richtlinie gilt nicht für diplomatische und konsularische Vertretungen der Mitgliedstaaten in Drittländern oder für deren Netz- und Informationssysteme, sofern sich diese Systeme in den Räumlichkeiten der Mission befinden oder für Nutzer in einem Drittland betrieben werden.

(9) Die Mitgliedstaaten sollten die Möglichkeit haben, die für die Wahrung ihrer wesentlichen Interessen der nationalen Sicherheit und den Schutz der öffentlichen Ordnung und der öffentlichen Sicherheit erforderlichen Maßnahmen zu ergreifen und die Verhütung, Ermittlung, Aufdeckung und Verfolgung von Straftaten zu ermöglichen. Zu diesem Zweck sollten die Mitgliedstaaten bestimmte Einrichtun-

gen, die in den Bereichen nationale Sicherheit, öffentliche Sicherheit, Verteidigung oder Strafverfolgung tätig sind, einschließlich der Verhütung, Ermittlung, Aufdeckung und Verfolgung von Straftaten, von bestimmten in dieser Richtlinie festgelegten Verpflichtungen in Bezug auf diese Tätigkeiten ausnehmen können. Erbringt eine Einrichtung Dienste ausschließlich für eine Einrichtung der öffentlichen Verwaltung, die vom Anwendungsbereich dieser Richtlinie ausgenommen ist, so sollten die Mitgliedstaaten diese Einrichtung nicht von bestimmten in dieser Richtlinie festgelegten Verpflichtungen in Bezug auf diese Dienste ausnehmen können. Darüber hinaus sollte kein Mitgliedstaat verpflichtet sein, Auskünfte zu erteilen, deren Preisgabe seinen wesentlichen Interessen der nationalen Sicherheit, der öffentlichen Sicherheit oder der Verteidigung widerspräche. Unionsvorschriften und nationale Vorschriften zum Schutz von Verschlusssachen, Geheimhaltungsvereinbarungen und informelle Geheimhaltungsvereinbarungen wie das sogenannte Traffic Light Protocol sollten in diesem Zusammenhang berücksichtigt werden. Das Traffic Light Protocol ist als eine Mittel zu verstehen, um Informationen über etwaige Einschränkungen im Hinblick auf die weitere Verbreitung von Informationen bereitzustellen. Es wird in fast allen Computer-Notfallteams (computer security incident response teams — CSIRTs) und in einigen Zentren für Informationsanalyse und -weitergabe eingesetzt.

(10)   Diese Richtlinie gilt zwar für Einrichtungen, die Tätigkeiten zur Erzeugung von Strom aus Kernkraftwerken ausüben, einige dieser Tätigkeiten können jedoch mit der nationalen Sicherheit in Verbindung stehen. Ist dies der Fall, so sollte ein Mitgliedstaat seine Verantwortung für den Schutz der nationalen Sicherheit in Bezug auf diese Tätigkeiten, einschließlich Tätigkeiten innerhalb der nuklearen Wertschöpfungskette, im Einklang mit den Verträgen wahrnehmen können.

(11) Einige Einrichtungen üben Tätigkeiten in den Bereichen nationale Sicherheit, öffentliche Sicherheit, Verteidigung oder Strafverfolgung, einschließlich der Verhütung, Ermittlung, Aufdeckung und Verfolgung von Straftaten, aus und erbringen gleichzeitig Vertrauensdienste. Vertrauensdiensteanbieter, die in den Anwendungsbereich der Verordnung (EU) Nr. 910/2014 des Europäischen Parlaments und des Rates fallen, sollten in den Anwendungsbereich dieser Richtlinie fallen, um das gleiche Niveau der Sicherheitsanforderungen und der Aufsicht zu gewährleisten, wie es zuvor in der genannten Verordnung für Vertrauensdiensteanbieter festgelegt war. Entsprechend dem Ausschluss bestimmter besonderer Dienste von der Verordnung (EU) Nr. 910/2014 findet diese Richtlinie keine Anwendung auf die Erbringung von Vertrauensdiensten, die ausschließlich innerhalb geschlossener Systeme aufgrund von nationalem Recht oder von Vereinbarungen zwischen einem bestimmten Kreis von Beteiligten verwendet werden.

(12) Anbieter von Postdiensten im Sinne der Richtlinie 97/67/EG des Europäischen Parlaments und des Rates, einschließlich Anbieter von Kurierdiensten sollten der vorliegenden Richtlinie unterliegen, wenn sie mindestens einen der Schritte in der Postzustellkette und insbesondere Abholung, Sortierung, Transport oder Zustellung von Postsendungen, einschließlich Abholung durch den Empfänger, anbieten, wobei das Ausmaß ihrer Abhängigkeit von Netz- und Informationssystemen zu berücksichtigen ist. Transportdienste, die nicht in Verbindung mit einem dieser Schritte erbracht werden, sollten nicht unter Postdienste fallen.

(13) Angesichts der Verschärfung und der zunehmenden Komplexität von Cyberbedrohungen sollten die Mitgliedstaaten bestrebt sein, dafür zu sorgen, dass Einrichtungen, die vom Anwendungsbereich dieser Richtlinie ausgenommen sind, ein hohes Maß an Cybersicherheit erreichen, und die Umsetzung gleichwertiger Maßnahmen für das Risikoma-

nagement im Bereich der Cybersicherheit unterstützen, die dem sensiblen Charakter dieser Einrichtungen Rechnung tragen.

(14)   Jede Verarbeitung personenbezogener Daten im Rahmen dieser Richtlinie unterliegt dem Unionsrecht zum Datenschutz und zum Schutz der Privatsphäre. Diese Richtlinie lässt insbesondere die Verordnung (EU) 2016/679 des Europäischen Parlaments und des Rates und die Richtlinie 2002/58/ EG des Europäischen Parlaments und des Rates unberührt. Diese Richtlinie sollte daher unter anderem nicht die Aufgaben und Befugnisse der Behörden berühren, die für die Überwachung der Einhaltung des geltenden Unionsrechts zum Datenschutz und zum Schutz der Privatsphäre zuständig sind.

(15)   Bei Einrichtungen, die für die Zwecke der Einhaltung von Risikomanagementmaßnahmen und der Meldepflichten im Bereich der Cybersicherheit in den Geltungsbereich dieser Richtlinie fallen, sollten zwei Kategorien unterschieden werden: wesentliche Einrichtungen und wichtige Einrichtungen; zu berücksichtigen ist dabei der Grad ihrer Kritikalität in Bezug auf ihren Sektor oder die Art der von ihnen erbrachten Dienste sowie ihre Größe. In diesem Zusammenhang sollten gegebenenfalls einschlägige sektorspezifische Risikobewertungen oder Leitlinien der zuständigen Behörden gebührend berücksichtigt werden. Bei den Aufsichts- und Durchsetzungsregelungen sollte bei diesen beiden Kategorien von Einrichtungen differenziert werden, um ein ausgewogenes Verhältnis zwischen risikobasierten Anforderungen und Pflichten einerseits und dem Verwaltungsaufwand, der sich andererseits aus der Überwachung der Einhaltung ergibt, zu gewährleisten.

(16)   Um zu vermeiden, dass Einrichtungen, die Partnerunternehmen haben oder verbundene Unternehmen sind, als wesentliche oder wichtige Einrichtungen betrachtet werden, wenn dies unverhältnismäßig wäre, können die Mitgliedstaaten bei der Anwendung von Artikel 6 Absatz 2 des An-

hangs der Empfehlung 2003/361/EG den Grad der Unabhängigkeit einer Einrichtung gegenüber ihren Partnerunternehmen und verbundenen Unternehmen berücksichtigen. Insbesondere können die Mitgliedstaaten berücksichtigen, dass eine Einrichtung in Bezug auf die Netz- und Informationssysteme, die sie bei der Erbringung ihrer Dienste nutzt, und in Bezug auf die von ihr erbrachten Dienste unabhängig von ihren Partnerunternehmen oder verbundenen Unternehmen ist. Auf dieser Grundlage können die Mitgliedstaaten gegebenenfalls davon ausgehen, dass eine solche Einrichtung nicht nach Artikel 2 des Anhangs der Empfehlung 2003/361/EG als mittleres Unternehmen gilt oder die Schwellenwerte für mittlere Unternehmen nach Absatz 1 jenes Artikels nicht überschreitet, wenn nach Berücksichtigung des Grades der Unabhängigkeit dieser Einrichtung davon ausgegangen worden wäre, dass sie nicht als mittleres Unternehmen gilt oder diese Schwellenwerte nicht überschreitet, falls nur ihre eigenen Daten berücksichtigt worden wären. Die in dieser Richtlinie festgelegten Verpflichtungen von Partnerunternehmen und verbundenen Unternehmen, die in den Anwendungsbereich dieser Richtlinie fallen, bleiben davon unberührt.

(17) Die Mitgliedstaaten sollten beschließen können, dass Einrichtungen, die vor Inkrafttreten dieser Richtlinie gemäß der Richtlinie (EU) 2016/1148 als Betreiber wesentlicher Dienste ermittelt wurden, als wesentliche Einrichtungen gelten.

(18) Um für einen klaren Überblick über die in den Anwendungsbereich dieser Richtlinie fallenden Einrichtungen zu sorgen, sollten die Mitgliedstaaten eine Liste von wesentlichen und wichtigen Einrichtungen und von Einrichtungen, die Domänennamen-Registrierungsdienste erbringen, erstellen. Zu diesem Zweck sollten die Mitgliedstaaten die Einrichtungen dazu verpflichten, den zuständigen Behörden mindestens die folgenden Informationen zu übermitteln, nämlich Name, Anschrift und aktuelle

Kontaktdaten, einschließlich E-Mail-Adressen, IP-Adressbereiche und Telefonnummern der Einrichtung, und gegebenenfalls betreffender Sektor und Teilsektor gemäß den Anhängen, sowie gegebenenfalls eine Liste der Mitgliedstaaten, in denen sie in den Anwendungsbereich dieser Richtlinie fallende Dienste erbringen. Zu diesem Zweck sollte die Kommission mit Unterstützung der Agentur der Europäischen Union für Cybersicherheit (ENISA) unverzüglich Leitlinien und Vorlagen für die Verpflichtungen zur Übermittlung von Informationen bereitstellen. Um die Erstellung und Aktualisierung der Liste von wesentlichen und wichtigen Einrichtungen und von Einrichtungen, die Domänennamen-Registrierungsdienste erbringen, zu erleichtern, sollten die Mitgliedstaaten die Möglichkeit haben, nationale Mechanismen für die Registrierung von Einrichtungen einzurichten. Bestehen Register auf nationaler Ebene, können die Mitgliedstaaten geeignete Mechanismen beschließen, die die Identifizierung von Einrichtungen ermöglichen, die in den Anwendungsbereich dieser Richtlinie fallen.

(19)   Die Mitgliedstaaten sollten dafür verantwortlich sein, der Kommission mindestens die Zahl der wesentlichen und wichtigen Einrichtungen für jeden in den Anhängen genannten Sektor und Teilsektor sowie relevante Informationen über die Zahl der ermittelten Einrichtungen und die Bestimmungen dieser Richtlinie, auf deren Grundlage sie ermittelt wurden, und die Art der von ihnen erbrachten Dienste zu übermitteln. Die Mitgliedstaaten werden aufgefordert, mit der Kommission Informationen über wesentliche und wichtige Einrichtungen und – im Falle eines Cybersicherheitsvorfalls großen Ausmaßes – relevante Informationen wie den Namen der betreffenden Einrichtung auszutauschen.

(20)   Die Kommission sollte in Zusammenarbeit mit der Kooperationsgruppe und nach Konsultation der einschlägigen Interessenträger Leitlinien für die Anwendung der für Kleinstunternehmen und kleine

Unternehmen geltenden Kriterien bereitstellen, um zu bewerten, ob sie in den Anwendungsbereich dieser Richtlinie fallen. Die Kommission sollte auch dafür sorgen, dass Kleinstunternehmen und Kleinunternehmen, die in den Anwendungsbereich dieser Richtlinie fallen, eine angemessene Anleitung erhalten. Die Kommission sollte mit Unterstützung der Mitgliedstaaten den Kleinstunternehmen und Kleinunternehmen diesbezügliche Informationen zur Verfügung stellen.

(21) Die Kommission könnte Leitlinien herausgeben, um die Mitgliedstaaten bei der Umsetzung der Bestimmungen dieser Richtlinie über den Anwendungsbereich und bei der Bewertung der Verhältnismäßigkeit der im Rahmen dieser Richtlinie zu treffenden Maßnahmen zu unterstützen, insbesondere in Bezug auf Einrichtungen mit komplexen Geschäftsmodellen oder Betriebsumgebungen, wobei eine Einrichtung gleichzeitig die Kriterien für wesentliche und für wichtige Einrichtungen erfüllen kann oder gleichzeitig Tätigkeiten, die in den Anwendungsbereich dieser Richtlinie fallen, und andere Tätigkeiten, die nicht in den Anwendungsbereich dieser Richtlinie fallen, ausführen kann.

(22) In dieser Richtlinie wird das Grundniveau für Risikomanagementmaßnahmen und Berichtspflichten im Bereich der Cybersicherheit für die in den Anwendungsbereich der Richtlinie fallenden Sektoren festgelegt. Wenn zusätzliche sektorspezifische Rechtsakte der Union über Maßnahmen zum Cybersicherheitsrisikomanagement und Berichtspflichten für notwendig erachtet werden, um in der gesamten Union ein hohes Maß an Cybersicherheit zu gewährleisten, sollte die Kommission — zur Vermeidung einer Fragmentierung der Cybersicherheitsbestimmungen von Rechtsakten der Union — prüfen, ob diese weiteren Bestimmungen im Rahmen eines Durchführungsrechtsakts gemäß dieser Richtlinie festgelegt werden könnten. Sollte sich ein solcher Durchführungsrechtsakt zu diesem Zweck nicht eignen, so könnten sektorspezifische

Rechtsakte der Union dazu beitragen, dass in der gesamten Union ein hohes Maß an Cybersicherheit gewährleistet ist und gleichzeitig den Besonderheiten und Komplexitäten der betreffenden Sektoren in vollem Umfang Rechnung getragen wird. Daher schließt die vorliegende Richtlinie nicht aus, dass zusätzliche sektorspezifische Rechtsakte der Union zu Risikomanagementmaßnahmen und Berichtspflichten im Bereich der Cybersicherheit, die der Notwendigkeit eines umfassenden und kohärenten Cybersicherheitsrahmens gebührend Rechnung tragen, erlassen werden. Die vorliegende Richtlinie berührt nicht die bestehenden Durchführungsbefugnisse, die der Kommission in einer Reihe von Sektoren, darunter Verkehr und Energie, übertragen wurden.

(23) Wenn wesentliche oder wichtige Einrichtungen gemäß den Bestimmungen eines sektorspezifischen Rechtsakts der Union entweder Risikomanagementmaßnahmen im Bereich der Cybersicherheit ergreifen oder erhebliche Sicherheitsvorfälle melden müssen und wenn die entsprechenden Anforderungen in ihrer Wirkung den in dieser Richtlinie festgelegten Verpflichtungen zumindest gleichwertig sind, sollten diese Bestimmungen, einschließlich der Bestimmungen über Aufsicht und Durchsetzung, keine Anwendung auf solche Einrichtungen finden. Wenn ein sektorspezifischer Rechtsakt der Union nicht für alle in den Anwendungsbereich dieser Richtlinie fallenden Einrichtungen eines bestimmten Sektors gilt, sollten die einschlägigen Bestimmungen dieser Richtlinie weiterhin im Falle der Einrichtungen zur Anwendung kommen, die nicht unter diesen Rechtsakt fallen.

(24) Wenn wesentliche oder wichtige Einrichtungen nach den Bestimmungen eines sektorspezifischen Rechtsakts der Union verpflichtet sind, Berichtspflichten zu erfüllen, die mindestens die gleiche Wirkung wie die in dieser Richtlinie festgelegten Berichtspflichten haben, sollte dafür gesorgt werden, dass Meldungen von Sicherheitsvorfällen ko-

härent und wirksam bearbeitet werden. Zu diesem Zweck sollten die Bestimmungen über die Meldung von Sicherheitsvorfällen des sektorspezifischen Rechtsakts der Union den CSIRTs, den zuständigen Behörden oder den zentralen Anlaufstellen für Cybersicherheit (zentrale Anlaufstelle) gemäß dieser Richtlinie einen sofortigen Zugang zu den gemäß dem sektorspezifischen Rechtsakt der Union übermittelten Meldungen von Sicherheitsvorfällen ermöglichen. Ein solcher sofortiger Zugang kann insbesondere gewährt werden, wenn Meldungen von Sicherheitsvorfällen unverzüglich an das CSIRT, die zuständige Behörde oder die zentrale Anlaufstelle gemäß dieser Richtlinie weitergeleitet werden. Gegebenenfalls sollten die Mitgliedstaaten einen automatischen und direkten Meldemechanismus einrichten, der einen systematischen und sofortigen Informationsaustausch mit den CSIRTs, den zuständigen Behörden oder den zentralen Anlaufstellen für die Bearbeitung solcher Meldungen von Sicherheitsvorfällen sicherstellt. Um die Berichterstattung zu vereinfachen und den Mechanismus der automatischen und direkten Berichterstattung umzusetzen, könnten die Mitgliedstaaten im Einklang mit dem sektorspezifischen Rechtsakt der Union eine zentrale Anlaufstelle nutzen.

(25)   In sektorspezifischen Rechtsakten der Union, in denen Risikomanagementmaßnahmen oder Berichtspflichten im Bereich der Cybersicherheit vorgesehen sind, die in ihrer Wirkung den in dieser Richtlinie festgelegten entsprechenden Maßnahmen und Pflichten mindestens gleichwertig sind, könnte vorgesehen werden, dass die gemäß dieser Rechtsakte zuständigen Behörden ihre Aufsichts- und Durchsetzungsbefugnisse in Bezug auf solche Maßnahmen oder Pflichten mit Unterstützung der zuständigen Behörden gemäß der vorliegenden Richtlinie ausüben. Die betreffenden zuständigen Behörden könnten zu diesem Zweck Kooperationsvereinbarungen schließen. In solchen Kooperationsvereinbarungen könnten unter anderem die Verfahren für die Koordinierung der Aufsichtstätig-

keiten festgelegt werden, einschließlich der Verfahren für im Einklang mit nationalem Recht durchzuführende Untersuchungen und Prüfungen vor Ort und eines Mechanismus für den Austausch einschlägiger Informationen zwischen den zuständigen Behörden über Aufsicht und Durchsetzung, wozu auch der Zugang zu Cyberinformationen gehört, der von den zuständigen Behörden gemäß dieser Richtlinie beantragt wird.

(26) Wenn sektorspezifische Rechtsakte der Union Einrichtungen zur Meldung erheblicher Cyberbedrohungen verpflichten oder ihnen entsprechende Anreize bieten, sollten die Mitgliedstaaten auch fördern, dass erhebliche Cyberbedrohungen den CSIRTs, den zuständigen Behörden oder den zentralen Anlaufstellen gemäß dieser Richtlinie gemeldet werden, um dafür zu sorgen, dass diesen Stellen die Cyberbedrohungslage besser bewusst ist, und sie in die Lage zu versetzen, wirksam und rechtzeitig zu reagieren, falls die erheblichen Cyberbedrohungen eintreten sollten.

(27) In künftigen sektorspezifischen Rechtsakten der Union sollte den in dieser Richtlinie festgelegten Begriffsbestimmungen und dem Aufsichts- und Durchsetzungsrahmen gebührend Rechnung getragen werden.

(28) Die Verordnung (EU) 2022/2554 des Europäischen Parlaments und des Rates sollte im Zusammenhang mit der vorliegenden Richtlinie als sektorspezifischer Rechtsakt der Union in Bezug auf Finanzunternehmen betrachtet werden. Anstelle der Bestimmungen in der vorliegenden Richtlinie sollten die Bestimmungen der Verordnung (EU) 2022/2554 gelten, die sich auf Risikomanagement im Bereich der Informations- und Kommunikationstechnologien (IKT), das Management von IKT-bezogenen Vorfällen und insbesondere die Meldung von schwerwiegenden IKT-bezogenen Vorfällen sowie die Prüfung der digitalen Betriebsstabilität, Vereinbarungen über den Informationsaustausch und Risiken durch IKT-Drittanbieter beziehen. Die Mit-

gliedstaaten sollten daher die Bestimmungen der vorliegenden Richtlinie, die sich auf Cybersicherheitsrisikomanagement und Berichtspflichten sowie Aufsicht und Durchsetzung beziehen, nicht auf Finanzunternehmen anwenden, die unter jene Verordnung fallen. Gleichzeitig ist es wichtig, im Rahmen der vorliegenden Richtlinie eine enge Beziehung zum und den Informationsaustausch mit dem Finanzsektor aufrechtzuerhalten. Zu diesem Zweck ist es gemäß der Verordnung (EU) 2022/2554 zulässig, dass die Europäischen Aufsichtsbehörden und die gemäß der Verordnung (EU) 2022/2554 zuständigen nationalen Behörden sich an der Tätigkeit der Kooperationsgruppe beteiligen und mit den zentralen Anlaufstellen sowie den nationalen CSIRTs und den zuständigen Behörden gemäß dieser Richtlinie Informationen austauschen und zusammenarbeiten Die gemäß der Verordnung (EU) 2022/2554 zuständigen Behörden sollten auch Einzelheiten über schwerwiegende IKT-bezogenen Vorfällen und, gegebenenfalls, erhebliche Cyberbedrohungen auch an die CSIRTs, die zuständigen Behörden oder an die gemäß der vorliegenden Richtlinie benannten zentralen Anlaufstellen übermitteln. Dies lässt sich erreichen, indem ein unmittelbarer Zugang zu Meldungen von Vorfällen und ihre direkte Weiterleitung oder über eine zentrale Anlaufstelle für die Meldung von Vorfällen ermöglicht wird. Darüber hinaus sollten die Mitgliedstaaten den Finanzsektor weiterhin in ihre Cybersicherheitsstrategien einbeziehen, und die CSIRTs können den Finanzsektor bei ihren Tätigkeiten einbeziehen.

(29)   Um Lücken und Überschneidungen bei Luftverkehrseinrichtungen auferlegten Cybersicherheitsverpflichtungen zu vermeiden, sollten die gemäß den Verordnungen (EG) Nr. 300/2008 und (EU) 2018/1139 des Europäischen Parlaments und des Rates benannten nationalen Behörden und die gemäß dieser Richtlinie zuständigen Behörden bei der Umsetzung von Maßnahmen zum Cybersicherheitsrisikomanagement und der Aufsicht über

die Einhaltung dieser Maßnahmen auf nationaler Ebene zusammenarbeiten. Die Einhaltung der Sicherheitsanforderungen durch eine Einrichtung, die in den Verordnungen (EG) Nr. 300/2008 und (EU) 2018/1139 sowie in den gemäß diesen Verordnungen erlassenen einschlägigen delegierten Rechtsakten und Durchführungsrechtsakten festgelegt sind, könnte von den gemäß dieser Richtlinie zuständigen Behörden als Einhaltung der entsprechenden Anforderungen dieser Richtlinie erachtet werden.

(30)   Angesichts der Zusammenhänge zwischen der Cybersicherheit und der physischen Sicherheit von Einrichtungen sollte dafür gesorgt werden, dass der Ansatz der Richtlinie (EU) 2022/2557 des Europäischen Parlaments und des Rates und der Ansatz der vorliegenden Richtlinie kohärent sind. Um dies zu erreichen, sollten Einrichtungen, die gemäß der Richtlinie (EU) 2022/2557 als kritische Einrichtungen eingestuft wurden als wesentliche Einrichtungen im Sinne der vorliegenden Richtlinie gelten. Darüber hinaus sollte jeder Mitgliedstaat sicherstellen, dass seine nationale Cybersicherheitsstrategie einen politischen Rahmen für eine verstärkte Koordinierung innerhalb dieses Mitgliedstaaten zwischen seinen gemäß der vorliegenden Richtlinie zuständigen Behörden und denen gemäß Richtlinie (EU) 2022/2557 beim Informationsaustausch über Risiken, Cyberbedrohungen und Sicherheitsvorfälle sowie über nicht cyberbezogene Risiken, Bedrohungen und Sicherheitsvorfälle sowie bei der Wahrnehmung von Aufsichtsaufgaben vorsieht. Die gemäß der vorliegenden Richtlinie zuständigen Behörden und denen gemäß Richtlinie (EU) 2022/2557 sollten zusammenarbeiten und unverzüglich Informationen austauschen, insbesondere in Bezug auf die Ermittlung kritischer Einrichtungen, Cyberbedrohungen, Cybersicherheitsrisiken und Sicherheitsvorfälle sowie nicht cyberbezogene Risiken, Bedrohungen und Sicherheitsvorfälle, die kritische Einrichtungen beeinträchtigen, einschließlich der von kritischen Einrichtungen ergriffenen

Cybersicherheitsmaßnahmen und physischen Maßnahmen sowie der Ergebnisse der bezüglich dieser Einrichtungen durchgeführten Aufsichtstätigkeiten.

Um die Aufsichtstätigkeiten zwischen den nach der vorliegenden Richtlinie zuständigen Behörden und denen gemäß Richtlinie (EU) 2022/2557 zu straffen und den Verwaltungsaufwand für die betreffenden Einrichtungen so gering wie möglich zu halten, sollten diese zuständigen Behörden zudem bestrebt sein, die Vorlagen für die Meldung von Sicherheitsvorfällen und die Aufsichtsverfahren zu harmonisieren. Gegebenenfalls sollten die gemäß der Richtlinie (EU) 2022/2557 zuständigen Behörden die gemäß der vorliegenden Richtlinie zuständigen Behörden ersuchen können, ihre Aufsichts- und Durchsetzungsbefugnisse in Bezug auf eine Einrichtung, die gemäß der Richtlinie (EU) 2022/2557 als kritische Einrichtung eingestuft wird, auszuüben. Die gemäß der vorliegenden Richtlinie zuständigen Behörden und denen gemäß Richtlinie (EU) 2022/2557 sollten zu diesem Zweck nach Möglichkeit in Echtzeit zusammenarbeiten und Informationen austauschen.

(31) Einrichtungen im Bereich digitale Infrastruktur beruhen im Wesentlichen auf Netz- und Informationssystemen; aus diesem Grund sollte in den Verpflichtungen, die diesen Einrichtungen gemäß dieser Richtlinie im Rahmen ihrer Risikomanagementmaßnahmen und Berichtspflichten im Bereich Cybersicherheit auferlegt werden, umfassend auf die physische Sicherheit dieser Systeme eingegangen werden. Da diese Angelegenheiten Gegenstand der vorliegenden Richtlinie sind, gelten die in den Kapiteln III, IV und VI der Richtlinie (EU) 2022/2557 festgelegten Verpflichtungen nicht für solche Einrichtungen.

(32) Die Aufrechterhaltung und Beibehaltung eines zuverlässigen, resilienten und sicheren Domänennamensystems (domain name system — DNS) ist ein

Schlüsselfaktor für die Wahrung der Integrität des Internets und von entscheidender Bedeutung für dessen kontinuierlichen und stabilen Betrieb, von dem die digitale Wirtschaft und Gesellschaft abhängig ist. Daher sollte die vorliegende Richtlinie für Namenregister der Domäne oberster Stufe (top-level-domain — TLD) und DNS-Diensteanbieter gelten, die als Einrichtungen zu verstehen sind, die öffentlich zugängliche rekursive Dienste zur Auflösung von Domänennamen für Internet-Endnutzer oder autoritative Dienste zur Auflösung von Domänennamen erbringen. Diese Richtlinie sollte nicht für Root-Namenserver gelten.

(33)   Cloud-Computing-Dienste sollten digitale Dienste umfassen, die auf Abruf die Verwaltung und den umfassenden Fernzugang zu einem skalierbaren und elastischen Pool gemeinsam nutzbarer Rechenressourcen ermöglichen, auch wenn diese Ressourcen auf mehrere Standorte verteilt sind. Zu Rechenressourcen zählen Ressourcen wie Netze, Server oder sonstige Infrastruktur, Betriebssysteme, Software, Speicher, Anwendungen und Dienste. Zu den Dienstmodellen des Cloud-Computing gehören unter anderem IaaS (Infrastructure as a Service, PaaS (Platform as a Service), SaaS (Software as a Service) und NaaS (Network as a Service). Die Bereitstellungsmodelle für Cloud-Computing sollten die private, die gemeinschaftliche, die öffentliche und die hybride Cloud umfassen. Die Cloud-Computing-Dienst- und Bereitstellungsmodelle haben dieselbe Bedeutung wie die in der Norm ISO/IEC 17788:2014 definierten Dienst- und Bereitstellungsmodelle. Dass sich der Cloud-Computing-Nutzer selbst ohne Interaktion mit dem Anbieter von Cloud-Computing-Diensten Rechenkapazitäten wie Serverzeit oder Netzwerkspeicherplatz zuweisen kann, könnte als Verwaltung auf Abruf beschrieben werden.

Der Begriff „umfassender Fernzugang" wird verwendet, um zu beschreiben, dass die Cloud-Kapazitäten über das Netz bereitgestellt und über

Mechanismen zugänglich gemacht werden, die den Einsatz heterogener Thin- oder Thick-Client-Plattformen (einschließlich Mobiltelefonen, Tablets, Laptops und Arbeitsplatzrechnern) fördern. Der Begriff „skalierbar" bezeichnet Rechenressourcen, die unabhängig von ihrem geografischen Standort vom Anbieter des Cloud-Dienstes flexibel zugeteilt werden, damit Nachfrageschwankungen bewältigt werden können. Der Begriff „elastischer Pool" wird verwendet, um Rechenressourcen zu beschreiben, die entsprechend der Nachfrage bereitgestellt und freigegeben werden, damit die Menge der verfügbaren Ressourcen je nach Arbeitsaufkommen rasch erhöht oder reduziert werden kann. Der Begriff „gemeinsam nutzbar" wird verwendet, um Rechenressourcen zu beschreiben, die einer Vielzahl von Nutzern bereitgestellt werden, die über einen gemeinsamen Zugang auf den Dienst zugreifen, wobei jedoch die Verarbeitung für jeden Nutzer separat erfolgt, obwohl der Dienst über dieselbe elektronische Ausrüstung erbracht wird. Der Begriff „verteilt" wird verwendet, um Rechenressourcen zu beschreiben, die sich auf verschiedenen vernetzten Computern oder Geräten befinden und die untereinander durch Nachrichtenaustausch kommunizieren und koordinieren.

(34) Angesichts des Aufkommens innovativer Technologien und neuer Geschäftsmodelle dürften auf dem Binnenmarkt neue Dienst- und Bereitstellungsmodelle für Cloud-Computing entstehen, um den sich wandelnden Kundenbedürfnissen gerecht zu werden. In diesem Zusammenhang können Cloud-Computing-Dienste in hochgradig verteilter Form, noch näher am Ort der Datengenerierung oder -sammlung, erbracht werden, wodurch vom traditionellen Modell zu einem hochgradig verteilten Modell („Edge-Computing") übergegangen wird.

(35) Dienste, die von Anbietern von Rechenzentrumsdiensten angeboten werden, werden möglicherweise nicht immer in Form eines Cloud-Computing-

Diensts erbracht. Dementsprechend sind Rechenzentren möglicherweise nicht immer Teil einer Cloud-Computing-Infrastruktur. Um allen Risiken für die Sicherheit von Netz- und Informationssystemen zu begegnen, sollte die vorliegende Richtlinie daher für Anbieter von Rechenzentrumsdiensten gelten, bei denen es sich nicht um Cloud-Computing-Dienste handelt. Für die Zwecke der vorliegenden Richtlinie sollte der Begriff „Rechenzentrumsdienst" Dienste umfassen, mit denen Strukturen oder Gruppen von Strukturen für die zentrale Unterbringung, die Verbindung und den Betrieb von Informationstechnologie (IT) und Netzausrüstungen zur Erbringung von Datenspeicher-, Datenverarbeitungs- und Datentransportdiensten sowie alle Anlagen und Infrastrukturen für die Leistungsverteilung und die Umgebungskontrolle bereitgestellt werden. Der Begriff „Rechenzentrumsdienst" sollte nicht für interne Rechenzentren, die sich im Besitz der betreffenden Einrichtung befinden und von der betreffenden Einrichtung für eigene Zwecke betrieben werden.

(36)   Forschungstätigkeiten spielen eine Schlüsselrolle bei der Entwicklung neuer Produkte und Prozesse. Viele dieser Tätigkeiten werden von Einrichtungen durchgeführt, die ihre Forschungsergebnisse zu kommerziellen Zwecken teilen, verbreiten oder nutzen. Diese Einrichtungen können daher wichtige Akteure in Wertschöpfungsketten sein, was die Sicherheit ihrer Netz- und Informationssysteme zu einem integralen Bestandteil der allgemeinen Cybersicherheit des Binnenmarkts macht. Unter Forschungseinrichtungen sind unter anderem Einrichtungen zu verstehen, die sich im Wesentlichen auf die Durchführung von angewandter Forschung oder experimenteller Entwicklung im Sinne des Frascati-Handbuchs der Organisation für wirtschaftliche Zusammenarbeit und Entwicklung von 2015 (Leitlinien zur Erfassung von Daten zu Forschung und experimenteller Entwicklung sowie zur entsprechenden Berichterstattung) konzentrieren, um ihre Ergebnisse für kommerzielle Zwecke wie

die Herstellung oder Entwicklung eines Produkts oder eines Verfahrens, die Erbringung eines Dienstes, oder dessen Vermarktung zu nutzen.

(37) Die wachsenden gegenseitigen Abhängigkeiten sind das Ergebnis eines sich über immer mehr Grenzen hinweg erstreckenden und zunehmend interdependenten Dienstleistungsnetzes, das zentrale Infrastrukturen in der gesamten Union nutzt, und zwar in Sektoren wie z.B. Energie, Verkehr, digitale Infrastruktur, Trinkwasser und Abwasser, Gesundheit, bestimmten Bereichen der öffentlichen Verwaltung sowie im Weltraumsektor, soweit es um die Erbringung bestimmter Dienste geht, die von Bodeninfrastrukturen abhängig sind, die sich im Eigentum von Mitgliedstaaten oder privaten Parteien befinden und von diesen verwaltet und betrieben werden; damit sind Infrastrukturen ausgenommen, die sich im Eigentum der Union befinden oder von der Union oder in ihrem Namen im Rahmen ihres Weltraumprogramms verwaltet oder betrieben werden. Wegen dieser gegenseitigen Abhängigkeiten kann jede Störung, auch wenn sie anfänglich auf eine Einrichtung oder einen Sektor beschränkt ist, zu breiteren Kaskadeneffekten führen, die weitreichende und lang anhaltende negative Auswirkungen auf die Erbringung von Diensten im gesamten Binnenmarkt haben können. Die verstärkten Cyberangriffe während der COVID-19-Pandemie haben gezeigt, wie anfällig zunehmend interdependente Gesellschaften für Risiken mit geringer Eintrittswahrscheinlichkeit sind.

(38) Angesichts der unterschiedlichen nationalen Governancestrukturen und zwecks Beibehaltung von bereits bestehenden sektorbezogenen Vereinbarungen und Aufsichts- oder Regulierungsstellen der Union sollten die Mitgliedstaaten befugt sein, eine oder mehr als eine nationale Behörde zu benennen oder einzurichten, die für die Cybersicherheit und die Aufsichtsaufgaben gemäß der vorliegenden Richtlinie zuständig sind.

(39) Zur Erleichterung der grenzüberschreitenden Zusammenarbeit und Kommunikation zwischen Behörden und um die wirksame Umsetzung der vorliegenden Richtlinie zu ermöglichen, ist es notwendig, dass jeder Mitgliedstaat eine zentrale Anlaufstelle benennt, die für die Koordinierung im Zusammenhang mit der Sicherheit von Netz- und Informationssystemen und für die grenzüberschreitende Zusammenarbeit auf Unionsebene zuständig ist.

(40) Die zentralen Anlaufstellen sollten für eine wirksame grenzüberschreitende Zusammenarbeit mit den zuständigen Behörden anderer Mitgliedstaaten und gegebenenfalls mit der Kommission und der ENISA sorgen. Die zentralen Anlaufstellen sollten daher beauftragt werden, Meldungen über erhebliche Sicherheitsvorfälle mit grenzüberschreitenden Auswirkungen auf Ersuchen des CSIRT oder der zuständigen Behörde an die zentralen Anlaufstellen anderer betroffener Mitgliedstaaten weiterzuleiten. Auf nationaler Ebene sollten die zentralen Anlaufstellen eine reibungslose sektorübergreifende Zusammenarbeit mit anderen zuständigen Behörden ermöglichen. Die zentralen Anlaufstellen könnten auch relevante Informationen über Vorfälle, die Finanzeinrichtungen betreffen, von den gemäß der Verordnung (EU) 2022/2554 zuständigen Behörden entgegennehmen, die sie gegebenenfalls gemäß der vorliegenden Richtlinie an die CSIRTs oder die zuständigen Behörden weiterleiten können sollten.

(41) Die Mitgliedstaaten sollten über angemessene technische und organisatorische Kapazitäten verfügen, um Sicherheitsvorfälle und Risiken zu verhüten und zu erkennen, darauf zu reagieren und um ihre Auswirkungen abzuschwächen. Die Mitgliedstaaten sollten daher ein oder mehrere CSIRTs gemäß dieser Richtlinie benennen und sicherstellen, dass sie über angemessene Ressourcen und technische Kapazitäten verfügen. Die CSIRTs sollten die Anforderungen im Sinne dieser Richtlinie erfüllen, damit wirksame und kompatible

Kapazitäten zur Bewältigung von Sicherheitsvorfällen und Risiken und eine effiziente Zusammenarbeit auf Unionsebene gewährleistet sind. Die Mitgliedstaaten sollten auch bestehende Computer-Notfallteams (CERTs) als CSIRTs benennen können. Um das Vertrauensverhältnis zwischen den Einrichtungen und den CSIRTs zu stärken, sollten die Mitgliedstaaten in Fällen, in denen ein CSIRT Teil einer zuständigen Behörde ist, eine funktionale Trennung zwischen den operativen Aufgaben der CSIRTs, insbesondere in Bezug auf den Informationsaustausch und die den Einrichtungen gewährten Unterstützung, und den Aufsichtstätigkeiten der zuständigen Behörden in Erwägung ziehen können.

(42) Die CSIRTs sind mit der Bewältigung von Sicherheitsvorfällen betraut. Das umfasst die Verarbeitung großer Mengen in einigen Fällen sensibler Daten. Die Mitgliedstaaten sollten dafür sorgen, dass die CSIRTs über eine Infrastruktur für den Informationsaustausch und die Verarbeitung von Informationen sowie über gut ausgestattetes Personal verfügen, womit die Vertraulichkeit und Vertrauenswürdigkeit ihrer Tätigkeiten gewährleistet wird. Die CSIRTs könnten in diesem Zusammenhang auch Verhaltenskodizes annehmen.

(43) In Bezug auf personenbezogene Daten sollten die CSIRTs in der Lage sein, im Einklang mit der Verordnung (EU) 2016/679 im Namen und auf Ersuchen einer wesentlichen oder wichtigen Einrichtung eine proaktive Überprüfung der für die Bereitstellung der Dienste der Einrichtungen verwendeten Netz- und Informationssysteme auf Schwachstellen vorzunehmen. Die Mitgliedstaaten sollten gegebenenfalls für alle sektorbezogenen CSIRTs ein vergleichbares Niveau an technischen Kapazitäten anstreben. Die Mitgliedstaaten sollten die ENISA um Unterstützung bei der Einsetzung ihrer CSIRTs ersuchen können.

(44) Die CSIRTs sollten in der Lage sein, auf Ersuchen einer wesentlichen oder wichtigen Einrichtung die

mit dem Internet verbundenen Anlagen innerhalb und außerhalb der Geschäftsräume zu überwachen, um das organisatorische Gesamtrisiko der Einrichtung für neu ermittelte Sicherheitslücken in der Lieferkette oder kritische Schwachstellen zu ermitteln, zu verstehen und zu verwalten. Die Einrichtung sollte dazu angehalten werden, dem CSIRT mitzuteilen, ob es eine privilegierte Verwaltungsschnittstelle betreibt, da dies die Geschwindigkeit der Durchführung von Abhilfemaßnahmen beeinträchtigen könnte.

(45)   Wegen der Bedeutung der internationalen Zusammenarbeit im Bereich Cybersicherheit sollten die CSIRTs sich zusätzlich zum durch die vorliegende Richtlinie geschaffenen CSIRTs-Netzwerk an internationalen Kooperationsnetzen beteiligen können. Zur Erfüllung ihrer Aufgaben sollten die CSIRTs und die zuständigen Behörden daher in der Lage sein, Informationen, einschließlich personenbezogener Daten, mit nationalen Computer-Notfallteams oder zuständigen Behörden von Drittländern auszutauschen, sofern die Bedingungen des Datenschutzrechts der Union für die Übermittlung personenbezogener Daten an Drittländer, unter anderem gemäß Artikel 49 der Verordnung (EU) 2016/679, erfüllt sind.

(46)   Es ist von wesentlicher Bedeutung, dass angemessene Ressourcen bereitgestellt werden, um die Ziele dieser Richtlinie zu erreichen und es den zuständigen Behörden und den CSIRTs zu ermöglichen, die dort festgelegten Aufgaben zu erfüllen. Die Mitgliedstaaten können auf nationaler Ebene einen Finanzierungsmechanismus zur Deckung der Ausgaben einführen, die im Zusammenhang mit der Wahrnehmung der Aufgaben der in dem Mitgliedstaat gemäß dieser Richtlinie für Cybersicherheit zuständigen öffentlichen Einrichtungen erforderlich sind. Ein solcher Mechanismus sollte im Einklang mit dem Unionsrecht stehen, verhältnismäßig und diskriminierungsfrei sein und den unter-

schiedlichen Ansätzen für die Bereitstellung sicherer Dienste Rechnung tragen.

(47) Das CSIRTs-Netzwerk sollte weiterhin zur Stärkung des Vertrauens beitragen und eine rasche und wirksame operative Zusammenarbeit zwischen den Mitgliedstaaten fördern. Um die operative Zusammenarbeit auf Unionsebene zu verbessern, sollte das CSIRTs-Netzwerk in Erwägung ziehen, mit Cybersicherheitspolitik befasste Einrichtungen und Agenturen der Union, etwa Europol, zur Teilnahme an seiner Arbeit einzuladen.

(48) Um ein hohes Cybersicherheitsniveau zu erreichen und aufrechtzuerhalten, sollten die gemäß dieser Richtlinie erforderlichen nationalen Cybersicherheitsstrategien aus kohärenten Rahmen bestehen, in denen strategische Ziele und Prioritäten im Bereich der Cybersicherheit und die zu ihrer Verwirklichung erforderliche Governance festgelegt werden. Diese Strategien können aus einem oder mehreren legislativen oder nichtlegislativen Instrumenten bestehen.

(49) Maßnahmen für die Cyberhygiene bilden die Grundlage für den Schutz von Netz- und Informationssysteminfrastrukturen, Hardware, Software und Online-Anwendungssicherheit sowie von Geschäfts- oder Endnutzerdaten, derer sich Einrichtungen bedienen. Maßnahmen für die Cyberhygiene, die eine Reihe von grundlegenden Verfahren umfassen, wie z. B. Software- und Hardware-Updates, Passwortänderungen, die Verwaltung neuer Installationen, die Einschränkung von Zugriffskonten auf Administratorenebene und die Sicherung von Daten, ermöglichen einen proaktiven Rahmen für die Bereitschaft und die allgemeine Sicherheit im Falle von Sicherheitsvorfällen oder Cyberbedrohungen. Die ENISA sollte die Cyberhygienemaßnahmen der Mitgliedstaaten überwachen und analysieren.

(50) Sensibilisierung für Cybersicherheit und Cyberhygiene sind von entscheidender Bedeutung, um das

Cybersicherheitsniveau in der Union zu erhöhen, insbesondere angesichts der wachsenden Zahl vernetzter Geräte, die zunehmend bei Cyberangriffen eingesetzt werden. Es sollten Anstrengungen unternommen werden, um das allgemeine Bewusstsein für die Risiken im Zusammenhang mit derartigen Produkten zu schärfen, wobei Bewertungen auf Unionsebene dazu beitragen könnten, für ein gemeinsames Verständnis dieser Risiken im Binnenmarkt zu sorgen.

(51) Die Mitgliedstaaten sollten den Einsatz innovativer Technologien, einschließlich künstlicher Intelligenz, fördern, deren Einsatz die Aufdeckung und Verhütung von Cyberangriffen verbessern könnte, sodass Ressourcen wirksamer gegen Cyberangriffe genutzt werden können. Die Mitgliedstaaten sollten daher im Rahmen ihrer nationalen Cybersicherheitsstrategie Tätigkeiten im Bereich Forschung und Entwicklung fördern, um die Nutzung derartiger Technologien, insbesondere solcher, die sich auf automatisierte oder halbautomatisierte Instrumente für die Cybersicherheit beziehen, und gegebenenfalls den Austausch von Daten zu erleichtern, die für die Schulung und Verbesserung dieser Technologien erforderlich sind. Der Einsatz innovativer Technologien, einschließlich künstlicher Intelligenz, sollte in Einklang mit dem Datenschutzrecht der Union stehen, einschließlich der Datenschutzgrundsätze der Datengenauigkeit, Datenminimierung, Fairness und Transparenz sowie Datensicherheit, wie z. B. modernste Verschlüsselung. Die in der Verordnung (EU) 2016/679 festgelegten Anforderungen des Datenschutzes durch Technik und durch datenschutzfreundliche Voreinstellungen sollten voll ausgeschöpft werden.

(52) Open-Source-Cybersicherheitswerkzeuge und -Anwendungen können zu einem höheren Maß an Offenheit beitragen und sich positiv auf die Effizienz industrieller Innovationen auswirken. Offene Standards erleichtern die Interoperabilität zwischen Sicherheitstools, was der Sicherheit der Interes-

senträger aus der Industrie zugutekommt. Open-Source-Cybersicherheitswerkzeuge und -anwendungen können die breitere Entwicklergemeinschaft nutzen und damit eine Diversifizierung der Anbieter ermöglichen. Open-Source kann zu einem transparenteren Verfahren für die Überprüfung von Werkzeugen für die Cybersicherheit und zu einem von der Gemeinschaft gesteuerten Prozess der Aufdeckung von Schwachstellen führen. Die Mitgliedstaaten sollten daher den Einsatz von Open-Source-Software und offenen Standards fördern können, indem sie Maßnahmen zur Nutzung offener Daten und Open-Source als Teil der Sicherheit durch Transparenz verfolgen. Maßnahmen zur Förderung der Einführung und nachhaltigen Nutzung von Open-Source-Cybersicherheitswerkzeugen sind besonders für kleine und mittlere Unternehmen wichtig, bei denen erhebliche Implementierungskosten anfallen, die durch die Reduzierung des Bedarfs an spezifischen Anwendungen oder Werkzeugen minimiert werden könnten.

(53) Versorgungsunternehmen sind zunehmend an digitale Netze in Städten angeschlossen, um die städtischen Verkehrsnetze zu verbessern, die Wasserversorgungs- und Abfallentsorgungseinrichtungen zu verbessern und die Effizienz der Beleuchtung und der Beheizung von Gebäuden zu erhöhen. Diese digitalisierten Versorgungsunternehmen sind anfällig für Cyberangriffe und es besteht aufgrund ihrer Vernetzung die Gefahr, dass den Bürgern im Falle eines erfolgreichen Cyberangriffs schwerwiegend geschadet wird. Die Mitgliedstaaten sollten im Rahmen ihrer nationalen Cybersicherheitsstrategie eine Strategie entwickeln, die sich mit der Entwicklung solcher vernetzten oder intelligenten Städte und deren potenziellen Auswirkungen auf die Gesellschaft befasst.

(54) In den letzten Jahren war die Union mit einem exponentiellen Anstieg von Ransomware-Angriffen konfrontiert, bei denen Daten und Systeme durch Malware verschlüsselt werden und eine Lösegeld-

zahlung für die Freigabe verlangt wird. Die zunehmende Häufigkeit und Schwere von Ransomware-Angriffen kann auf verschiedene Faktoren zurückgeführt werden, wie z. B. unterschiedliche Angriffsmuster, kriminelle Geschäftsmodelle im Zusammenhang mit „Ransomware als Dienst" und Kryptowährungen, die Forderung nach Lösegeld und die Zunahme von Angriffen auf die Lieferkette. Die Mitgliedstaaten sollten eine Strategie zum Vorgehen gegen die zunehmende Häufigkeit von Ransomware-Angriffen als Teil ihrer nationalen Cybersicherheitsstrategie ergreifen.

(55)   Öffentlich-private Partnerschaften (ÖPP) im Bereich der Cybersicherheit können einen angemessenen Rahmen für den Wissensaustausch, die Weitergabe von bewährten Verfahren und die Schaffung einer gemeinsamen Verständnisebene zwischen den Beteiligten bieten. Die Mitgliedstaaten sollten Maßnahmen fördern, die die Einrichtung von cybersicherheitsspezifischen ÖPP unterstützen. Diese Maßnahmen sollten unter anderem den Anwendungsbereich und die beteiligten Akteure, das Verwaltungsmodell, die verfügbaren Finanzierungsoptionen und das Zusammenspiel der beteiligten Akteure in Bezug auf ÖPP präzisieren. ÖPP können das Fachwissen privatwirtschaftlicher Einrichtungen nutzen, um die zuständigen Behörden bei der Entwicklung modernster Dienste und Prozesse zu unterstützen, unter anderem in den Bereichen Informationsaustausch, Frühwarnungen, Übungen zu Cyberbedrohungen und -vorfällen, Krisenmanagement und Resilienzplanung.

(56)   Die Mitgliedstaaten sollten in ihren nationalen Cybersicherheitsstrategien auf die besonderen Cybersicherheitsbedürfnisse von kleinen und mittleren Unternehmen eingehen. Kleine und mittlere Unternehmen stellen in der gesamten Union einen großen Prozentsatz des Industrie-/Geschäftsmarktes und haben damit zu kämpfen, sich an ein neues Geschäftsgebaren in einer stärker vernetzten Welt anzupassen und sich in der digitalen Umgebung

zurechtzufinden, in der Mitarbeiter von zu Hause aus arbeiten und Geschäfte zunehmend online getätigt werden. Einige kleine und mittlere Unternehmen stehen vor besonderen Herausforderungen im Bereich der Cybersicherheit, wie z. B. geringes Cyberbewusstsein, fehlende IT-Sicherheit aus der Ferne, hohe Kosten für Cybersicherheitslösungen und ein erhöhtes Maß an Bedrohungen, wie z. B. Ransomware, für die sie Anleitung und Unterstützung erhalten sollten. Kleine und mittlere Unternehmen werden aufgrund ihrer weniger strengen Risikomanagementmaßnahmen im Bereich der Cybersicherheit und ihres geringer ausgeprägten Angriffsmanagements sowie der Tatsache, dass sie über eingeschränkte Sicherheitsressourcen verfügen, zunehmend zum Ziel von Angriffen auf die Lieferkette. Diese Angriffe auf die Lieferkette wirken sich nicht nur auf kleine und mittlere Unternehmen und deren eigene Geschäftstätigkeit aus, sondern können im Rahmen größerer Angriffe auch eine Kaskadenwirkung auf die von ihnen belieferten Einrichtungen haben. Die Mitgliedstaaten sollten mittels ihrer nationalen Cybersicherheitsstrategien kleine und mittlere Unternehmen dabei unterstützen, die Herausforderungen in ihren Lieferketten zu bewältigen. Die Mitgliedstaaten sollten über eine Kontaktstelle für kleine und mittlere Unternehmen auf nationaler oder regionaler Ebene verfügen, die kleinen und mittleren Unternehmen entweder Leitlinien und Unterstützung bietet oder sie an die geeigneten Stellen für Leitlinien und Unterstützung in Fragen im Zusammenhang mit der Cybersicherheit weiterleitet. Die Mitgliedstaaten werden außerdem angehalten, auch Kleinstunternehmen und kleinen Unternehmen, die nicht über diese Fähigkeiten verfügen, Dienste wie die Konfiguration von Websites und die Aktivierung der Protokollierung anzubieten.

(57)   Im Rahmen ihrer nationalen Cybersicherheitsstrategien sollten die Mitgliedstaaten Maßnahmen zur Förderung eines aktiven Cyberschutzes ergreifen. Anstatt nur zu reagieren, besteht aktiver Cyber-

schutz in der aktiven Verhütung, Erkennung, Überwachung, Analyse und Abschwächung von Sicherheitsverletzungen im Netzwerk, kombiniert mit der Nutzung von Kapazitäten, die innerhalb und außerhalb des Opfernetzwerks eingesetzt werden. Dies könnte auch die Bereitstellung kostenfreier Dienste oder Instrumente für bestimmte Einrichtungen, einschließlich Selbstbedienungskontrollen (self-service checks), Detektionswerkzeugen und Bereinigungsdiensten, durch die Mitgliedstaaten einschließen. Die Fähigkeit, Bedrohungsinformationen und -analysen, Warnungen zu Cyberaktivitäten und Reaktionsmaßnahmen schnell und automatisch auszutauschen und zu verstehen, ist entscheidend, um eine einheitliche Vorgehensweise bei der erfolgreichen Verhütung, Erkennung, Bekämpfung und Blockierung von Angriffen gegen Netz- und Informationssysteme zu ermöglichen. Der aktive Cyberschutz beruht auf einer defensiven Strategie, die offensive Maßnahmen ausschließt.

(58) Da durch die Ausnutzung von Schwachstellen in Netz- und Informationssystemen erhebliche Störungen und Schäden verursacht werden können, ist die rasche Erkennung und Behebung dieser Schwachstellen ein wichtiger Faktor bei der Verringerung des Risikos. Einrichtungen, die Netz- und Informationssysteme entwickeln oder verwalten, sollten daher geeignete Verfahren für die Behandlung von entdeckten Schwachstellen festlegen. Da Schwachstellen häufig von Dritten oder meldenden Einrichtungen entdeckt und offengelegt werden, sollte der Hersteller oder Anbieter von IKT-Produkten oder -Diensten auch Verfahren einführen, damit er von Dritten Informationen über Schwachstellen entgegennehmen kann. Diesbezüglich enthalten die internationalen Normen ISO/IEC 30111 und ISO/IEC 29147 Leitlinien für die Behandlung von Schwachstellen und die Offenlegung von Schwachstellen. Eine stärkere Koordinierung zwischen meldenden natürlichen und juristischen Personen und Herstellern oder Anbietern von IKT-Produkten oder -Diensten ist besonders wichtig, um

den freiwilligen Rahmen für die Offenlegung von Schwachstellen attraktiver zu machen. Die koordinierte Offenlegung von Schwachstellen erfolgt in einem strukturierten Prozess, in dem dem Hersteller oder Anbieter der potenziell gefährdeten IKT-Produkte oder -Dienste Schwachstellen in einer Weise gemeldet werden, die ihm die Diagnose und Behebung der Schwachstelle ermöglicht, bevor detaillierte Informationen über die Schwachstelle an Dritte oder die Öffentlichkeit weitergegeben werden. Die koordinierte Offenlegung von Schwachstellen sollte auch die Koordinierung zwischen der meldenden natürlichen oder juristischen Person und dem Hersteller oder Anbieter der potenziell gefährdeten IKT-Produkte oder -Dienste in Bezug auf den Zeitplan für die Behebung und Veröffentlichung von Schwachstellen umfassen.

(59) Die Kommission, die ENISA und die Mitgliedstaaten sollten die Anpassung an internationale Normen und vorliegende bewährte Verfahren der Branche beim Risikomanagement im Bereich der Cybersicherheit weiterhin fördern, beispielsweise in den Bereichen Bewertungen der Sicherheit der Lieferkette, Informationsaustausch und Offenlegung von Schwachstellen.

(60) Die Mitgliedstaaten sollten in Zusammenarbeit mit der ENISA Maßnahmen ergreifen, um eine koordinierte Offenlegung von Schwachstellen zu erleichtern, indem sie eine einschlägige nationale Strategie festlegen. Die Mitgliedstaaten sollten im Rahmen ihrer nationalen Strategien im Einklang mit den nationalen Rechtsvorschriften so weit wie möglich die Herausforderungen angehen, mit denen Forscher, die sich mit Schwachstellen befassen, konfrontiert sind, wozu auch deren potenzielle strafrechtliche Haftung gehört. Da natürliche und juristische Personen, die Schwachstellen erforschen, in einigen Mitgliedstaaten der strafrechtlichen und zivilrechtlichen Haftung unterliegen könnten, werden die Mitgliedstaaten aufgefordert, Leitlinien für die Nichtverfolgung von Forschern im Be-

reich der Informationssicherheit zu verabschieden und eine Ausnahme von der zivilrechtlichen Haftung für ihre Tätigkeiten zu erlassen.

(61) Die Mitgliedstaaten sollten eines ihrer CSIRTs als Koordinator benennen, der gegebenenfalls als vertrauenswürdiger Vermittler zwischen den meldenden natürlichen oder juristischen Personen und den Herstellern oder Anbietern von IKT-Produkten oder -Diensten, die wahrscheinlich von der Schwachstelle betroffen sind, fungiert. Zu den Aufgaben des als Koordinator benannten CSIRT sollte insbesondere gehören, betreffende Einrichtungen zu ermitteln und zu kontaktieren, die natürlichen oder juristischen Personen, die eine Schwachstelle melden, zu unterstützen, Zeitpläne für die Offenlegung auszuhandeln und das Vorgehen bei Schwachstellen zu koordinieren, die mehrere Einrichtungen betreffen (koordinierte Offenlegung von Schwachstellen, die mehrere Parteien betreffen). Könnte die gemeldete Schwachstelle in mehr als einem Mitgliedstaat erhebliche Auswirkungen auf Einrichtungen haben, sollten die als Koordinator benannten CSIRTs gegebenenfalls im Rahmen des CSIRTs-Netzwerks zusammenarbeiten.

(62) Der rechtzeitige Zugang zu korrekten Informationen über Schwachstellen, die IKT-Produkte und -Dienste beeinträchtigen, trägt zu einem besseren Cybersicherheitsrisikomanagement bei. Öffentlich zugängliche Informationen über Schwachstellen sind nicht nur für die Einrichtungen und die Nutzer ihrer Dienste, sondern auch für die zuständigen Behörden und die CSIRTs ein wichtiges Instrument. Aus diesem Grund sollte die ENISA eine europäische Schwachstellendatenbank einrichten, in der Einrichtungen, unabhängig davon, ob sie in den Anwendungsbereich dieser Richtlinie fallen, und deren Anbieter von Netz- und Informationssystemen sowie die zuständigen Behörden und CSIRTs auf freiwilliger Basis öffentlich bekannte Schwachstellen offenlegen und registrieren können, die es den Nutzern ermöglichen, geeignete

Abhilfemaßnahmen zu ergreifen. Das Ziel dieser Datenbank besteht darin, die einzigartigen Herausforderungen zu bewältigen, die sich aus den Risiken für Einrichtungen der Union ergeben. Darüber hinaus sollte die ENISA ein geeignetes Verfahren für den Veröffentlichungsprozess einführen, um den Einrichtungen Zeit zu geben, Maßnahmen zur Behebung ihrer Schwachstellen zu ergreifen und moderne Risikomanagementmaßnahmen im Bereich der Cybersicherheit sowie maschinenlesbare Datensätze und entsprechende Schnittstellen einzusetzen. Zur Förderung einer Kultur der Offenlegung von Schwachstellen sollte eine Offenlegung ohne nachteilige Folgen für die meldende natürliche oder juristische Person erfolgen.

(63) Es gibt zwar bereits ähnliche Register oder Datenbanken für Schwachstellen, aber diese werden von Einrichtungen betrieben und gepflegt, die nicht in der Union niedergelassen sind. Eine von der ENISA gepflegte europäische Schwachstellendatenbank würde für mehr Transparenz in Bezug auf den Prozess der Veröffentlichung vor der öffentlichen Offenlegung der Schwachstelle sorgen und die Resilienz im Falle von einer Störung oder Unterbrechung bei der Erbringung ähnlicher Dienste verbessern. Um Doppelarbeit so weit wie möglich zu vermeiden und im Interesse der größtmöglichen Komplementarität, sollte die ENISA die Möglichkeit prüfen, Vereinbarungen über eine strukturierte Zusammenarbeit mit ähnlichen Registern oder Datenbanken zu schließen, die unter die Gerichtsbarkeit von Drittländern fallen. Insbesondere sollte die ENISA die Möglichkeit einer engen Zusammenarbeit mit den Betreibern des Systems für bekannte Schwachstellen und Anfälligkeiten (CVE) prüfen.

(64) Die Kooperationsgruppe sollte die strategische Zusammenarbeit und den Informationsaustausch unterstützen und erleichtern und das Vertrauen zwischen den Mitgliedstaaten stärken. Die Kooperationsgruppe sollte alle zwei Jahre ein Arbeitsprogramm aufstellen. In dem Arbeitsprogramm sollten

die Maßnahmen aufgeführt sein, die die Kooperationsgruppe zur Umsetzung ihrer Ziele und Aufgaben zu ergreifen hat. Der Zeitrahmen für die Aufstellung des Arbeitsprogramms gemäß der vorliegenden Richtlinie sollte an den Zeitrahmen des letzten gemäß der Richtlinie (EU) 2016/1148 aufgestellten Arbeitsprogramms angepasst werden, um etwaige Unterbrechungen der Arbeit der Kooperationsgruppe zu vermeiden.

(65) Bei der Ausarbeitung von Leitfäden sollte die Kooperationsgruppe konsequent nationale Lösungen und Erfahrungen erfassen, die Auswirkungen ihrer Vorgaben auf nationale Ansätze bewerten, Herausforderungen bei der Umsetzung erörtern und spezifische Empfehlungen für eine bessere Umsetzung bestehender Vorschriften formulieren, insbesondere hinsichtlich der Erleichterung der Angleichung bei der Umsetzung dieser Richtlinie zwischen den Mitgliedstaaten. Die Kooperationsgruppe könnte auch eine Bestandsaufnahme der nationalen Lösungen vornehmen, um die Kompatibilität von Cybersicherheitslösungen zu fördern, die für jeden einzelnen Sektor in der gesamten Union angewandt werden. Dies gilt insbesondere für Sektoren mit internationalem oder grenzüberschreitendem Charakter.

(66) Die Kooperationsgruppe sollte ein flexibles Forum bleiben und in der Lage sein, unter Berücksichtigung der verfügbaren Ressourcen auf sich ändernde und neue politische Prioritäten und Herausforderungen zu reagieren. Sie könnte regelmäßige gemeinsame Sitzungen mit einschlägigen privaten Interessenträgern aus der gesamten Union organisieren, um die Tätigkeiten der Kooperationsgruppe zu erörtern und Daten und Beiträge zu neuen politischen Herausforderungen einzuholen. Darüber hinaus sollte die Kooperationsgruppe regelmäßig den aktuellen Stand in Bezug auf Cyberbedrohungen oder -vorfälle wie Ransomware bewerten. Um die Zusammenarbeit auf Unionsebene zu verbessern, sollte die Kooperationsgruppe in Erwägung

ziehen, mit Cybersicherheitspolitik befasste einschlägige Organe, Einrichtungen und Agenturen der Union, etwa das Europäische Parlament, Europol, den Europäischen Datenschutzausschuss, die Agentur der Europäischen Union für Flugsicherheit, die mit der Verordnung (EU) 2018/1139 eingerichtet wurde, und die Agentur der Europäischen Union für das Weltraumprogramm, die mit der Verordnung (EU) 2021/696 des Europäischen Parlaments und des Rates eingeführt wurde, zur Teilnahme an ihrer Arbeit einzuladen.

(67) Die zuständigen Behörden und die CSIRTs sollten die Möglichkeit haben, innerhalb eines spezifischen Rahmens und gegebenenfalls vorbehaltlich der erforderlichen Sicherheitsüberprüfung der an solchen Austauschprogrammen teilnehmenden Beamten an Austauschprogrammen für Bedienstete aus anderen Mitgliedstaaten teilzunehmen, um die Zusammenarbeit zu verbessern und das Vertrauen unter den Mitgliedstaaten zu stärken. Die zuständigen Behörden sollten Maßnahmen ergreifen, damit die Bediensteten aus anderen Mitgliedstaaten bei den Tätigkeiten der aufnehmenden zuständigen Behörde oder des aufnehmenden CSIRT konstruktiv mitwirken können.

(68) Die Mitgliedstaaten sollten über die bestehenden Kooperationsnetzwerke — insbesondere dem Europäischen Netzwerk der Verbindungsorganisationen für Cyberkrisen (EU-CyCLONe), das CSIRTs-Netzwerk und die Kooperationsgruppe — zur Schaffung des EU-Rahmens für die Reaktion auf Cybersicherheitskrisen gemäß der Empfehlung (EU) 2017/1584 der Kommission beitragen. EU-CyCLONe und das CSIRTs-Netzwerk sollten auf der Grundlage von verfahrenstechnischen Vereinbarungen zusammenarbeiten, in denen die Einzelheiten dieser Zusammenarbeit festgelegt werden, und jegliche Doppelarbeit vermeiden. In der Geschäftsordnung von EU-CyCLONe sollten die Regelungen für das Funktionieren des Netzwerks genauer festgelegt werden, einschließlich der Funkti-

on und Aufgaben des Netzwerks, Formen der Zusammenarbeit, Interaktionen mit anderen relevanten Akteuren und Vorlagen für den Informationsaustausch sowie Kommunikationsmittel. Für das
Krisenmanagement auf Unionsebene sollten sich
die relevanten Parteien auf die Integrierte Regelung für die politische Reaktion auf Krisen gemäß
dem Durchführungsbeschluss (EU) 2018/1993 des
Rates (IPCR-Regelung) stützen. Die Kommission
sollte zu diesem Zweck auf den sektorübergreifenden Krisenkoordinierungsprozess auf hoher Ebene,
ARGUS, zurückgreifen. Berührt die Krise eine
wichtige externe Dimension oder eine Dimension
der Gemeinsamen Sicherheits- und Verteidigungs-
politik, so sollte der Krisenreaktionsmechanismus
des Europäischen Auswärtigen Dienstes ausgelöst
werden.

(69)   Im Einklang mit dem Anhang der Empfehlung (EU)
2017/1584 sollte der Begriff „Cybersicherheitsvorfall großen Ausmaßes" einen Sicherheitsvorfall
bezeichnen, der der eine Störung verursacht, deren Ausmaß die Reaktionsfähigkeit eines Mitgliedstaats übersteigt oder der beträchtliche Auswirkungen auf mindestens zwei Mitgliedstaaten hat. Je
nach Ursache und Auswirkung können sich Cybersicherheitsvorfälle großen Ausmaßes verschärfen
und zu echten Krisen entwickeln, die das reibungslose Funktionieren des Binnenmarkts verhindern
oder ernsthafte, die öffentliche Sicherheit betreffende Risiken für Einrichtungen und Bürger in mehreren Mitgliedstaaten oder in der gesamten Union
darstellen. Angesichts der großen Tragweite und
des, in den meisten Fällen, grenzübergreifenden
Charakters solcher Sicherheitsvorfälle sollten die
Mitgliedstaaten und die einschlägigen Organe, Einrichtungen und sonstigen Stellen der Union auf
technischer, operativer und politischer Ebene zusammenarbeiten, um die Reaktion unionsweit angemessen zu koordinieren.

(70)   Cybersicherheitsvorfälle großen Ausmaßes und
Krisen auf Unionsebene erfordern aufgrund der

starken Interdependenz zwischen Sektoren und Mitgliedstaaten ein koordiniertes Vorgehen, um eine schnelle und wirksame Reaktion zu gewährleisten. Die Verfügbarkeit von gegen Cyberangriffe widerstandsfähigen Netz- und Informationssystemen sowie die Verfügbarkeit, Vertraulichkeit und Integrität von Daten sind von entscheidender Bedeutung für die Sicherheit der Union und den Schutz ihrer Bürger, Unternehmen und Institutionen vor Sicherheitsvorfällen und Cyberbedrohungen sowie für die Stärkung des Vertrauens von Einzelpersonen und Organisationen in die Fähigkeit der Union, einen globalen, offenen, freien, stabilen und sicheren Cyberraum zu fördern und zu schützen, der auf Menschenrechten, Grundfreiheiten, Demokratie und Rechtsstaatlichkeit beruht.

(71) Das EU-CyCLONe sollte im Fall von Cybersicherheitsvorfällen großen Ausmaßes und Krisen als Vermittler zwischen der technischen und politischen Ebene fungieren und die Zusammenarbeit auf operativer Ebene verbessern und die Entscheidungsfindung auf politischer Ebene unterstützen. In Zusammenarbeit mit der Kommission und unter Berücksichtigung der Zuständigkeiten der Kommission im Bereich des Krisenmanagements sollte das EU-CyCLONe auf den Erkenntnissen des CSIRTs-Netzwerks aufbauen und seine eigenen Fähigkeiten nutzen, um Folgenabschätzungen für Cybersicherheitsvorfälle großen Ausmaßes und Krisen zu erstellen.

(72) Cyberangriffe sind grenzüberschreitender Natur, und ein erheblicher Sicherheitsvorfall kann kritische Informationsinfrastrukturen, von denen das reibungslose Funktionieren des Binnenmarkts abhängt, stören und schädigen. In der Empfehlung (EU) 2017/1584 wird auf die Rolle aller relevanten Akteure eingegangen. Darüber hinaus ist die Kommission im Rahmen des durch den Beschluss Nr. 1313/2013/EU des Europäischen Parlaments und des Rates eingerichteten Katastrophenschutzverfahrens der Union für allgemeine Vorsorgemaß-

nahmen zuständig, einschließlich der Verwaltung des Zentrums für die Koordination von Notfallmaßnahmen und des Gemeinsamen Kommunikations- und Informationssystems für Notfälle, der Aufrechterhaltung und Weiterentwicklung der Fähigkeit zur Lageerfassung und -analyse sowie des Aufbaus und der Verwaltung der Fähigkeit zur Mobilisierung und Entsendung von Expertenteams im Falle eines Hilfeersuchens eines Mitgliedstaats oder eines Drittstaats. Die Kommission ist auch für die Erstellung von Analyseberichten für die IPCR-Regelung gemäß dem Durchführungsbeschluss (EU) 2018/1993 zuständig, unter anderem in Bezug auf die Lageerfassung und -vorsorge im Bereich der Cybersicherheit sowie für die Lageerfassung und Krisenreaktion in den Bereichen Landwirtschaft, widrige Witterungsbedingungen, Konfliktkartierung und -vorhersagen, Frühwarnsysteme für Naturkatastrophen, gesundheitliche Notlagen, Überwachung von Infektionskrankheiten, Pflanzengesundheit, chemische Zwischenfälle, Lebensmittel- und Futtermittelsicherheit, Tiergesundheit, Migration, Zoll, Notlagen im Bereich Kernenergie und Strahlenforschung, und Energie.

(73) Die Union kann gegebenenfalls internationale Übereinkünfte mit Drittländern oder internationalen Organisationen im Einklang mit Artikel 218 AEUV schließen, in denen deren Beteiligung an bestimmten Tätigkeiten der Kooperationsgruppe, dem CSIRTs-Netzwerk und EU-CyCLONe ermöglicht und geregelt wird. Solche Übereinkünfte sollten die Interessen der Union wahren und einen angemessenen Datenschutz gewährleisten. Das sollte nicht das Recht der Mitgliedstaaten ausschließen, mit Drittländern bei der Verwaltung von Schwachstellen und von Cybersicherheitsrisiken zusammenzuarbeiten und die Berichterstattung und den allgemeinen Informationsaustausch im Einklang mit dem Recht der Union zu erleichtern.

(74) Um die wirksame Umsetzung der Bestimmungen dieser Richtlinie, etwa zum Umgang mit Schwach-

stellen, zu Risikomanagementmaßnahmen im Bereich der Cybersicherheit, zu Berichtspflichten und zu Vereinbarungen über den Austausch cyberbezogener Informationen, zu fördern, können die Mitgliedstaaten mit Drittländern zusammenarbeiten und Tätigkeiten durchführen, die für diesen Zweck als angemessen erachtet werden, wozu auch der Informationsaustausch über Cyberbedrohungen, Vorfälle, Schwachstellen, Instrumente und Methoden, Taktiken, Techniken und Verfahren, die Vorsorge und Übungen im Hinblick auf das Krisenmanagement im Cyberbereich, Schulungen, die Vertrauensbildung und Vereinbarungen über den strukturierten Informationsaustausch gehören.

(75) Peer Reviews sollten eingeführt werden, um aus gemeinsamen Erfahrungen zu lernen, das gegenseitige Vertrauen zu stärken und ein hohes gemeinsames Cybersicherheitsniveau zu erreichen. Peer Reviews können zu wertvollen Erkenntnissen und Empfehlungen führen, mit denen man die allgemeinen Cybersicherheitskapazitäten stärkt, einen weiteren funktionalen Weg für den Austausch bewährter Verfahren zwischen den Mitgliedstaaten schafft und dazu beiträgt, den Reifegrad der Mitgliedstaaten im Bereich der Cybersicherheit zu verbessern. Darüber hinaus sollte bei den Peer Reviews den Ergebnissen ähnlicher Mechanismen, wie dem Peer-Review-System des CSIRTs-Netzwerks, Rechnung getragen, ein Mehrwert geschaffen und Doppelarbeit vermieden werden. Die Umsetzung der Peer Reviews sollte die Rechtsvorschriften der Union und der Mitgliedstaaten über den Schutz vertraulicher oder als Verschlusssachen eingestufter Informationen unberührt lassen.

(76) Die Kooperationsgruppe sollte eine Selbstbewertungsmethode für die Mitgliedstaaten festlegen, die Faktoren wie den Stand der Umsetzung der Maßnahmen für das Cybersicherheitsrisikomanagement und die Berichtspflichten, den Umfang der Fähigkeiten und die Wirksamkeit der Wahrnehmung der Aufgaben der zuständigen Behörden, die

operativen Fähigkeiten der CSIRTs, den Grad der Umsetzung der Amtshilfe sowie der Vereinbarungen über den Informationsaustausch im Bereich der Cybersicherheit oder spezifische Fragen grenz- oder sektorübergreifender Art abdeckt. Die Mitgliedstaaten sollten angehalten werden, regelmäßig Selbstbewertungen durchzuführen und die Ergebnisse ihrer Selbstbewertung in der Kooperationsgruppe vorzustellen und zu erörtern.

(77)   Die Verantwortung für die Gewährleistung der Sicherheit von Netz- und Informationssystemen liegt in erheblichem Maße bei den wesentlichen und wichtigen Einrichtungen. Es sollte eine Risikomanagementkultur gefördert und entwickelt werden, die unter anderem die Risikobewertung und die Anwendung von Risikomanagementmaßnahmen im Bereich der Cybersicherheit, die den jeweiligen Risiken angemessen sind, umfassen sollte.

(78)   Die Risikomanagementmaßnahmen im Bereich der Cybersicherheit sollten den Grad der Abhängigkeit der wesentlichen oder wichtigen Einrichtung von Netz- und Informationssystemen berücksichtigen und auch Maßnahmen zur Ermittlung jeder Gefahr eines Sicherheitsvorfalls, zur Verhinderung, und Aufdeckung von Sicherheitsvorfällen, zur Reaktion darauf und zur Wiederherstellung danach sowie der Minderung ihrer Folgen umfassen. Die Sicherheit von Netz- und Informationssystemen sollte sich auch auf gespeicherte, übermittelte und verarbeitete Daten erstrecken. Die Risikomanagementmaßnahmen im Bereich der Cybersicherheit sollten eine systemische Analyse vorsehen, bei der der menschliche Faktor berücksichtigt wird, um ein vollständiges Bild der Sicherheit des Netz- und Informationssystems zu erhalten.

(79)   Da Gefahren für die Sicherheit von Netz- und Informationssystemen unterschiedliche Ursachen haben können, sollten Risikomanagementmaßnahmen im Bereich der Cybersicherheit auf einem gefahrenübergreifenden Ansatz beruhen, der darauf abzielt, Netz- und Informationssysteme und ihr

physisches Umfeld vor Ereignissen wie Diebstahl, Feuer, Überschwemmungen und Telekommunikations- oder Stromausfällen oder vor unbefugtem physischen Zugang zu Informationen und Datenverarbeitungsanlagen einer wesentlichen oder wichtigen Einrichtung und vor der Schädigung dieser Informationen und Anlagen und den entsprechenden Eingriffen zu schützen, die die Verfügbarkeit, Authentizität, Integrität oder Vertraulichkeit gespeicherter, übermittelter oder verarbeiteter Daten oder der Dienste, die über Netz- und Informationssysteme angeboten werden bzw. zugänglich sind, beeinträchtigen können. Bei den Risikomanagementmaßnahmen im Bereich der Cybersicherheit sollten daher auch die physische Sicherheit und die Sicherheit des Umfelds von Netz- und Informationssystemen berücksichtigt werden, indem Maßnahmen zum Schutz dieser Systeme vor Systemfehlern, menschlichen Fehlern, böswilligen Handlungen oder natürlichen Phänomenen im Einklang mit europäischen und internationalen Normen, wie denen der Reihe ISO/IEC 27000, einbezogen werden. In diesem Zusammenhang sollten sich die wesentlichen und wichtigen Einrichtungen im Rahmen ihrer Risikomanagementmaßnahmen im Bereich der Cybersicherheit auch mit der Sicherheit des Personals befassen und über angemessene Konzepte für die Zugangskontrolle verfügen. Diese Maßnahmen sollten mit der Richtlinie (EU) 2022/2557 im Einklang stehen.

(80) Zum Nachweis der Einhaltung der Risikomanagementmaßnahmen im Bereich der Cybersicherheit und in Ermangelung gemäß der Verordnung (EU) 2019/881 des Europäischen Parlaments und des Rates verabschiedeter geeigneter europäischer Schemata für die Cybersicherheitszertifizierung sollten die Mitgliedstaaten nach Konsultation der Kooperationsgruppe und der Europäischen Gruppe für die Cybersicherheitszertifizierung die Anwendung einschlägiger europäischer und internationaler Normen durch wesentliche und wichtige Einrichtungen fördern oder Einrichtungen zur Verwendung

zertifizierter IKT-Produkte, -Dienste und -Verfahren verpflichten.

(81)   Damit keine unverhältnismäßige finanzielle und administrative Belastung für wesentliche und wichtige Einrichtungen entsteht, sollten die Risikomanagementmaßnahmen im Bereich der Cybersicherheit in einem angemessenen Verhältnis zu den Risiken stehen, denen das betreffende Netz- und Informationssystem ausgesetzt ist; dabei wird dem bei solchen Maßnahmen geltenden neuesten Stand und gegebenenfalls europäischen oder internationalen Normen sowie den Kosten ihrer Umsetzung Rechnung getragen.

(82)   Die Risikomanagementmaßnahmen im Bereich der Cybersicherheit sollten in einem angemessenen Verhältnis zum Grad der Risikoexposition der wesentlichen oder wichtigen Einrichtung und zu den gesellschaftlichen und wirtschaftlichen Auswirkungen stehen, die ein Sicherheitsvorfall hätte. Bei der Festlegung von Risikomanagementmaßnahmen im Bereich der Cybersicherheit, die an wesentliche und wichtige Einrichtungen angepasst sind, sollte der unterschiedlichen Risikoexposition wesentlicher und wichtiger Einrichtungen gebührend Rechnung getragen werden, wie z. B. der Kritikalität der Einrichtung, den Risiken, einschließlich der gesellschaftlichen Risiken, denen sie ausgesetzt ist, der Größe der Einrichtung, der Wahrscheinlichkeit des Auftretens von Sicherheitsvorfällen und ihrer Schwere, einschließlich ihrer gesellschaftlichen und wirtschaftlichen Auswirkungen.

(83)   Wesentliche und wichtige Einrichtungen sollten die Sicherheit der bei ihren Tätigkeiten verwendeten Netz- und Informationssysteme gewährleisten. Hauptsächlich handelt es sich bei diesen Systemen um private Netz- und Informationssysteme, die entweder von internem IT-Personal der wesentlichen und wichtigen Einrichtung verwaltet werden oder deren Sicherheit Dritten anvertraut wurde. Die Anforderungen an die Risikomanagementmaßnahmen und die Berichtspflichten im Bereich der

Cybersicherheit gemäß der vorliegenden Richtlinie sollten für die einschlägigen wesentlichen und wichtigen Einrichtungen unabhängig davon gelten, ob diese Einrichtungen ihre Netz- und Informationssysteme intern warten oder deren Wartung ausgliedern.

(84) Angesichts der grenzüberschreitenden Art ihrer Tätigkeit sollte bei DNS-Diensteanbietern, TLD-Namenregistern, Anbietern von Cloud-Computing-Diensten, Anbietern von Rechenzentrumsdiensten, Betreibern von Inhaltszustellnetzen, Anbietern verwalteter Dienste und Anbietern verwalteter Sicherheitsdienste, Anbietern von Online-Marktplätzen, von Online-Suchmaschinen und von Plattformen für Dienste sozialer Netzwerke und Anbietern von Vertrauensdiensten auf Unionsebene eine stärkere Harmonisierung erfolgen. Die Umsetzung von Risikomanagementmaßnahmen im Bereich der Cybersicherheit hinsichtlich dieser Einrichtungen sollte daher durch einen Durchführungsrechtsakt erleichtert werden.

(85) Besonders wichtig ist die Bewältigung von Risiken, die die Lieferkette von Einrichtungen und deren Beziehungen zu den Lieferanten, z. B. Anbietern von Datenspeicherungs- und -verarbeitungsdiensten oder Anbietern von verwalteten Sicherheitsdiensten und Softwareherstellern, betreffen, da sich die Vorfälle häufen, bei denen Einrichtungen Opfer von Cyberangriffen werden und es böswilligen Akteuren gelingt, die Sicherheit der Netz- und Informationssysteme zu beeinträchtigen, indem Schwachstellen im Zusammenhang mit den Produkten und Diensten Dritter ausgenutzt werden. Die wesentlichen und wichtigen Einrichtungen sollten daher die Gesamtqualität und Widerstandsfähigkeit der Produkte und Diensten, die darin enthaltenen Risikomanagementmaßnahmen im Bereich der Cybersicherheit und die Cybersicherheitsverfahren ihrer Lieferanten und Diensteanbieter, einschließlich ihrer sicheren Entwicklungsprozesse, bewerten und berücksichtigen. Die wesentlichen

und wichtigen Einrichtungen sollten insbesondere dazu angehalten werden, Risikomanagementmaßnahmen im Bereich der Cybersicherheit in die vertraglichen Vereinbarungen mit ihren direkten Lieferanten und Diensteanbietern Ebene einzubeziehen. Diese Einrichtungen könnten auch die Risiken berücksichtigen, die von Lieferanten und Dienstleistern anderer Ebenen ausgehen.

(86) Unter den Diensteanbietern spielen die Anbieter verwalteter Sicherheitsdienste in Bereichen wie Reaktion auf Sicherheitsvorfälle, Penetrationstests, Sicherheitsaudits und Beratung eine überaus wichtige Rolle, indem sie Einrichtungen bei deren Bemühungen um die Verhütung, Erkennung und Bewältigung von Sicherheitsvorfällen sowie die Wiederherstellung danach unterstützen. Allerdings sind auch die Anbieter verwalteter Sicherheitsdienste selbst das Ziel von Cyberangriffen und stellen aufgrund ihrer engen Einbindung in die Tätigkeiten von wesentlichen und wichtigen Einrichtungen ein besonderes Risiko dar. Die Einrichtungen sollten daher bei der Wahl eines Anbieters verwalteter Sicherheitsdienste erhöhte Sorgfalt walten lassen.

(87) Die zuständigen Behörden können im Rahmen ihrer Aufsichtsaufgaben auch Cybersicherheitsdienste für beispielsweise Sicherheitsprüfungen und Penetrationstests oder die Reaktion auf Sicherheitsvorfälle nutzen.

(88) Die wesentlichen und wichtigen Einrichtungen sollten sich auch mit Risiken befassen, die sich aus ihren Interaktionen und Beziehungen zu anderen interessierten Kreisen in einem weiter gefassten Ökosystem ergeben, unter anderem im Hinblick auf die Abwehr von Wirtschaftsspionage und den Schutz von Geschäftsgeheimnissen. Insbesondere sollten diese Einrichtungen durch geeignete Maßnahmen sicherstellen, dass ihre Zusammenarbeit mit Hochschul- und Forschungseinrichtungen ihrer Cybersicherheitsstrategie entspricht und dabei bewährte Verfahren befolgt werden, was den sicheren Zugang zu sowie die Verbreitung von Informatio-

nen im Allgemeinen und den Schutz des geistigen Eigentums im Besonderen angeht. Auch sollten in Anbetracht der Bedeutung und des Wertes von Daten für die Tätigkeiten der wesentlichen und wichtigen Einrichtungen letztere alle geeigneten Risikomanagementmaßnahmen im Bereich der Cybersicherheit ergreifen, wenn sie die Datenverarbeitungs- und -analysedienste Dritter in Anspruch nehmen.

(89) Die wesentlichen und wichtigen Einrichtungen sollten eine breite Palette grundlegender Praktiken der Cyberhygiene anwenden, z. B. Zero-Trust-Grundsätze, Software-Updates, Gerätekonfiguration, Netzwerksegmentierung, Identitäts- und Zugriffsmanagement oder Sensibilisierung der Nutzer, Schulungen für ihre Mitarbeiter organisieren und das Bewusstsein für Cyberbedrohungen, Phishing oder Social-Engineering-Techniken schärfen. Außerdem sollten diese Einrichtungen ihre eigenen Cybersicherheitskapazitäten bewerten und gegebenenfalls die Integration von Technologien zur Verbesserung der Cybersicherheit anstreben, etwa künstliche Intelligenz oder Systeme des maschinellen Lernens, um ihre Kapazitäten und die Sicherheit von Netz- und Informationssystemen zu erhöhen.

(90) Um die Hauptrisiken für die Lieferkette weiter anzugehen und den wesentlichen und wichtigen Einrichtungen in den unter diese Richtlinie fallenden Sektoren dabei zu helfen, Risiken in Bezug auf die Lieferkette und die Lieferanten angemessen zu beherrschen, sollte die Kooperationsgruppe in Zusammenarbeit mit der Kommission und der ENISA und gegebenenfalls nach Konsultation der einschlägigen Interessenträger, auch aus der Wirtschaft koordinierte Risikobewertungen kritischer Lieferketten — wie im Fall der 5G-Netze gemäß der Empfehlung (EU) 2019/534 der Kommission — durchführen, um für jeden Sektor die kritischen IKT-Dienste, -Systeme oder -Produkte sowie relevante Bedrohungen und Schwachstellen zu ermit-

teln. Bei solchen koordinierten Risikobewertungen sollten Maßnahmen, Pläne zur Risikominderung und bewährte Verfahren gegen kritische Abhängigkeiten, potenzielle einzelne Fehlerquellen, Bedrohungen, Schwachstellen und andere Risiken im Zusammenhang mit der Lieferkette ermittelt werden, und es sollte nach Möglichkeiten gesucht werden, ihre breitere Anwendung durch die wesentlichen und wichtigen Einrichtungen zu fördern. Zu den potenziellen nichttechnischen Risikofaktoren wie ungebührlicher Einflussnahme eines Drittlandes auf Lieferanten und Diensteanbieter, insbesondere im Fall von alternativen Governance-Modellen, zählen versteckte Schwachstellen oder Hintertüren sowie potenzielle systemische Versorgungsunterbrechungen, insbesondere im Fall von Abhängigkeiten von bestimmten Technologien oder Anbietern.

(91) Bei den koordinierten Risikobewertungen kritischer Lieferketten unter Berücksichtigung der Besonderheiten des jeweiligen Sektors sollte sowohl technischen wie auch gegebenenfalls nichttechnischen Faktoren Rechnung getragen werden, einschließlich derer, die in der Empfehlung (EU) 2019/534, in der koordinierten Risikobewertung zur Cybersicherheit in 5G-Netzen der EU sowie in dem von der Kooperationsgruppe vereinbarten EU-Instrumentarium für die 5G-Cybersicherheit definiert sind. Bei der Ermittlung der Lieferketten, die einer koordinierten Risikobewertung unterzogen werden sollten, sollten folgende Kriterien berücksichtigt werden: i) der Umfang, in dem wesentliche und wichtige Einrichtungen bestimmte kritische IKT-Dienste, -Systeme oder -Produkte nutzen und auf sie angewiesen sind; ii) die Bedeutung bestimmter kritischer IKT-Dienste, -Systeme oder -Produkte für die Ausführung kritischer oder sensibler Funktionen, einschließlich der Verarbeitung personenbezogener Daten; iii) die Verfügbarkeit alternativer IKT-Dienste, -Systeme oder -Produkte; iv) die Resilienz der gesamten Lieferkette von IKT-Diensten, -Systemen oder -Produkten während ihres gesam-

ten Lebenszyklus gegen destabilisierende Ereignisse und v) die potenzielle künftige Bedeutung neuer IKT-Dienste, -Systeme oder -Produkte für die Tätigkeiten der Einrichtungen. Besonderes Augenmerk sollte auf IKT-Diensten, -Systeme oder -Produkte gelegt werden, die speziellen Anforderungen unterliegen, die von Drittländern stammen.

(92) Zur Straffung der Verpflichtungen, die Anbietern öffentlicher elektronischer Kommunikationsnetze oder öffentlich zugänglicher elektronischer Kommunikationsdienste sowie Vertrauensdiensteanbietern hinsichtlich der Sicherheit ihrer Netz- und Informationssysteme auferlegt werden, und um diese Einrichtungen und die zuständigen Behörden nach der Richtlinie (EU) 2018/1972 des Europäischen Parlaments und des Rates bzw. der Verordnung (EU) Nr. 910/2014 von dem durch diese Richtlinie geschaffenen Rechtsrahmen profitieren zu lassen, einschließlich der Benennung der für die Bewältigung von Sicherheitsvorfällen zuständigen Computer-Notfallteams (CSIRTs), Beteiligung der betreffenden zuständigen Behörden an den Tätigkeiten der Kooperationsgruppe und des CSIRTs-Netzwerks, sollten diese Einrichtungen in den Anwendungsbereich dieser Richtlinie fallen. Die entsprechenden Bestimmungen der Verordnung (EU) Nr. 910/2014 und der Richtlinie (EU) 2018/1972, mit denen diesen Arten von Einrichtungen Sicherheitsanforderungen und Berichtspflichten auferlegt werden, sollten daher gestrichen werden. Die Vorschriften über die Berichtspflichten gemäß der vorliegenden Richtlinie sollten die Verordnung (EU) 2016/679 und die Richtlinie 2002/58/EG unberührt lassen.

(93) Die in dieser Richtlinie festgelegten Cybersicherheitspflichten sollten als Ergänzung zu den Anforderungen betrachtet werden, denen die Vertrauensdiensteanbieter gemäß der Verordnung (EU) Nr. 910/2014 unterliegen. Vertrauensdiensteanbieter sollten verpflichtet werden, alle geeigneten und verhältnismäßigen Maßnahmen zu ergreifen, um

die sich für ihre Dienste, aber auch ihre Kunden und vertrauende Dritte ergebenden Risiken zu beherrschen und Sicherheitsvorfälle gemäß dieser Richtlinie zu melden. Diese Cybersicherheits- und Berichtspflichten sollten auch den physischen Schutz der angebotenen Dienste betreffen. Die Anforderungen an qualifizierte Vertrauensdiensteanbieter gemäß Artikel 24 der Verordnung (EU) Nr. 910/2014 gelten weiterhin.

(94) Die Mitgliedstaaten können den Aufsichtsstellen gemäß der Verordnung (EU) Nr. 910/2014 die Funktion der für Vertrauensdienste zuständigen Behörden übertragen, um die Fortführung der derzeitigen Verfahrensweisen sicherzustellen und auf den Erkenntnissen und Erfahrungen aufzubauen, die bei der Anwendung dieser Verordnung gewonnen wurden. In diesem Fall sollten die nach dieser Richtlinie zuständigen Behörden eng und zeitnah mit diesen Aufsichtsstellen zusammenarbeiten, indem sie die einschlägigen Informationen austauschen, um eine wirksame Aufsicht und Einhaltung der Anforderungen dieser Richtlinie und der Verordnung (EU) Nr. 910/2014 durch die Vertrauensdiensteanbieter zu gewährleisten. Gegebenenfalls sollten das CSIRT oder die jeweilige nach dieser Richtlinie zuständige Behörde unverzüglich die Aufsichtsstellen gemäß der Verordnung (EU) Nr. 910/2014 über gemeldete erhebliche Cyberbedrohungen oder Vorfälle mit Auswirkungen auf Vertrauensdienste sowie über Verstöße gegen diese Richtlinie durch die Vertrauensdiensteanbieter unterrichten. Für die Zwecke der Meldung können die Mitgliedstaaten gegebenenfalls die zentrale Anlaufstelle nutzen, die eingerichtet wurde, um eine gemeinsame automatische Meldung von Vorfällen an die Aufsichtsstelle gemäß der Verordnung (EU) Nr. 910/2014 und das CSIRT oder die jeweilige nach dieser Richtlinie zuständige Behörde zu erreichen.

(95) Sofern angebracht und um unnötige Unterbrechungen zu vermeiden, sollten bestehende natio-

nale Leitlinien, die zur Umsetzung der Vorschriften über Sicherheitsmaßnahmen gemäß den Artikeln 40 und 41 der Richtlinie (EU) 2018/1972 erlassen wurden, bei der Umsetzung dieser Richtlinie berücksichtigt werden, wobei auf den bereits im Rahmen der Richtlinie (EU) 2018/1972 erworbenen Kenntnissen und Fähigkeiten in Bezug auf Sicherheitsmaßnahmen und Meldungen von Zwischenfällen aufgebaut werden sollte. Zudem kann die ENISA Leitlinien zu den Sicherheitsanforderungen und Berichtspflichten für Anbieter öffentlicher elektronischer Kommunikationsnetze oder öffentlich zugänglicher elektronischer Kommunikationsdienste ausarbeiten, damit die Harmonisierung und Umsetzung erleichtert und die Störungen auf ein Mindestmaß reduziert werden. Die Mitgliedstaaten können den nationalen Regulierungsbehörden die Funktion der für elektronische Kommunikation zuständigen Behörden gemäß der Richtlinie (EU) 2018/1972 übertragen, um die Fortführung der derzeitigen Verfahrensweisen sicherzustellen und auf den Erkenntnissen und Erfahrungen aufzubauen, die als Ergebnis der Anwendung jener Richtlinie gewonnen wurden.

(96)   Angesichts der wachsenden Bedeutung nummernunabhängiger interpersoneller Kommunikationsdienste im Sinne der Richtlinie (EU) 2018/1972 muss sichergestellt werden, dass auch für diese Dienste angemessene Sicherheitsanforderungen entsprechend ihrer spezifischen Art und wirtschaftlichen Bedeutung gelten. Da sich die Angriffsfläche immer weiter vergrößert, werden nummernunabhängige interpersonelle Kommunikationsdienste, etwa Messenger-Dienste, zu weit verbreiteten Angriffsvektoren. Böswillige Akteure nutzen Plattformen, um zu kommunizieren und Opfer zum Öffnen kompromittierter Webseiten zu verleiten, wodurch sich die Wahrscheinlichkeit von Vorfällen erhöht, bei denen persönliche Daten verwertet und damit die Sicherheit von Netz- und Informationssystemen ausgenutzt wird. Die Anbieter von nummernunabhängigen interpersonellen Kommunikationsdiens-

ten sollten daher auch ein Sicherheitsniveau von Netz- und Informationssystemen gewährleisten, das den bestehenden Risiken angemessen ist. Da die Anbieter nummernunabhängiger interpersoneller Kommunikationsdienste im Sinne der Richtlinie (EU) 2018/1972 üblicherweise keine tatsächliche Kontrolle über die Signalübertragung über Netze ausüben, können die Risiken für solche Dienste in gewisser Hinsicht als geringer erachtet werden als für herkömmliche elektronische Kommunikationsdienste. Dasselbe gilt auch für interpersonelle Kommunikationsdienste, die Nummern nutzen und die keine tatsächliche Kontrolle über die Signalübertragung ausüben.

(97) Das Funktionieren des Internets ist für den Binnenmarkt wichtiger denn je. Die Dienste fast aller wesentlichen und wichtigen Einrichtungen hängen ihrerseits von Diensten ab, die über das Internet erbracht werden. Für die reibungslose Bereitstellung von Diensten wesentlicher und wichtiger Einrichtungen ist es wichtig, dass alle Anbieter öffentlicher elektronischer Kommunikationsnetze über geeignete Risikomanagementmaßnahmen im Bereich der Cybersicherheit verfügen und diesbezügliche erhebliche Sicherheitsvorfälle melden. Die Mitgliedstaaten sollten dafür sorgen, dass die Sicherheit der öffentlichen elektronischen Kommunikationsnetze aufrechterhalten und ihre vitalen Sicherheitsinteressen vor Sabotage und Spionage geschützt werden. Da die internationale Konnektivität die wettbewerbsfähige Digitalisierung der Union und ihrer Wirtschaft verbessert und beschleunigt, sollten Sicherheitsvorfälle, die Unterseekommunikationskabel betreffen, dem CSIRT oder gegebenenfalls der zuständigen Behörde gemeldet werden. Die nationale Cybersicherheitsstrategie sollte gegebenenfalls der Cybersicherheit von Unterseekommunikationskabeln Rechnung tragen und eine Bestandsaufnahme potenzieller Cybersicherheitsrisiken und Risikominderungsmaßnahmen umfassen, um ein Höchstmaß an Schutz zu gewährleisten.

(98)　Zur Aufrechterhaltung der Sicherheit öffentlicher elektronischer Kommunikationsnetze und öffentlich zugänglicher elektronischer Kommunikationsdienste sollte der Einsatz von Verschlüsselungstechnologien, insbesondere von Ende zu Ende, sowie datenzentrierter Sicherheitskonzepte wie Kartografie, Segmentierung, Kennzeichnung, Zugangspolitik und Zugangsverwaltung sowie automatisierte Zugangsentscheidungen gefördert werden. Erforderlichenfalls sollte der Einsatz von Verschlüsselung, insbesondere von Ende zu Ende, für die Anbieter öffentlicher elektronischer Kommunikationsnetze oder öffentlich zugänglicher elektronischer Kommunikationsdienste im Einklang mit den Grundsätzen der Sicherheit und des Schutzes der Privatsphäre mittels datenschutzfreundlicher Voreinstellungen und Technikgestaltung für die Zwecke der vorliegenden Richtlinie vorgeschrieben werden. Die Nutzung der End-zu-End-Verschlüsselung sollte mit den Befugnissen der Mitgliedstaaten, den Schutz ihrer wesentlichen Sicherheitsinteressen und der öffentlichen Sicherheit zu gewährleisten und die Verhütung, Ermittlung, Aufdeckung und Verfolgung von Straftaten im Einklang mit dem Unionsrecht zu ermöglichen, in Einklang gebracht werden. Dies sollte jedoch nicht zu einer Schwächung der End-zu-End-Verschlüsselung führen, die eine entscheidende Technologie für einen wirksamen Datenschutz, einen entsprechenden Schutz der Privatsphäre und die Sicherheit der Kommunikation ist.

(99)　Um die Sicherheit zu gewährleisten und den Missbrauch und die Manipulation elektronischer Kommunikationsnetze und öffentlich zugänglicher elektronischer Kommunikationsdienste zu verhindern, sollte die Verwendung interoperabler sicherer Routing-Standards gefördert werden, um die Integrität und Robustheit der Routing-Funktionen im gesamten Ökosystem der Anbieter von Internetzugangsdiensten sicherzustellen.

(100) Um die Funktionalität und Integrität des Internets zu wahren und die Sicherheit und Widerstandsfähigkeit des DNS zu stärken, sollten die einschlägigen Akteure, privatwirtschaftliche Einrichtungen der Union, Anbieter öffentlich zugänglicher elektronischer Kommunikationsdienste, insbesondere Anbieter von Internetzugangsdiensten, und Anbieter von Online-Suchmaschinen, dazu angehalten werden, eine Strategie zur Diversifizierung der DNS-Auflösung zu verfolgen. Außerdem sollten die Mitgliedstaaten die Entwicklung und Nutzung eines öffentlichen und sicheren europäischen DNS-Auflösungsdienstes fördern.

(101) Mit dieser Richtlinie wird ein mehrstufiger Ansatz für die Meldung erheblicher Sicherheitsvorfälle festgelegt, um die richtige Balance herzustellen zwischen einer zeitnahen Meldung einerseits, die einer potenziellen Ausbreitung erheblicher Sicherheitsvorfälle entgegenwirkt und den wesentlichen und wichtigen Einrichtungen die Möglichkeit gibt, Unterstützung zu erhalten, und einer detaillierten Meldung andererseits, bei der aus individuellen Sicherheitsvorfällen wichtige Lehren gezogen werden und einzelne Einrichtungen und ganze Sektoren ihre Cyberresilienz im Laufe der Zeit verbessern können. In diesem Zusammenhang sollte diese Richtlinie die Meldung von Sicherheitsvorfällen umfassen, die — auf der Grundlage einer von der betreffenden Einrichtung vorgenommenen Anfangsbewertung — erhebliche Betriebsstörungen des Dienstes oder finanzielle Verluste für diese Einrichtung verursachen oder andere natürliche oder juristische Personen betreffen könnten, indem sie erhebliche materielle oder immaterielle Schäden verursachen. Bei einer derartigen Anfangsbewertung sollten unter anderem die betroffenen Netz- und Informationssysteme und insbesondere deren Bedeutung für die Erbringung der Dienste der Einrichtung, die Schwere und die technischen Merkmale der Cyberbedrohung und alle zugrunde liegenden Schwachstellen, die ausgenutzt werden, sowie die Erfahrungen der Einrichtung mit ähnli-

chen Vorfällen berücksichtigt werden. Indikatoren wie das Ausmaß, in dem das Funktionieren des Dienstes beeinträchtigt wird, die Dauer eines Sicherheitsvorfalls oder die Zahl der betroffenen Nutzer von Diensten könnten eine wichtige Rolle bei der Feststellung spielen, ob die Betriebsstörung des Dienstes schwerwiegend ist.

(102) Erhalten wesentliche oder wichtige Einrichtungen Kenntnis von einem erheblichen Sicherheitsvorfall, sollten sie unverzüglich und spätestens binnen 24 Stunden eine Frühwarnung übermitteln müssen. Auf diese Frühwarnung sollte eine Meldung des Sicherheitsvorfalls folgen. Die betreffenden Einrichtungen sollten unverzüglich, in jedem Fall aber innerhalb von 72 Stunden, nachdem sie Kenntnis von dem erheblichen Sicherheitsvorfall erlangt haben, eine Meldung des Sicherheitsvorfalls übermitteln, um insbesondere die im Rahmen der Frühwarnung übermittelten Informationen zu aktualisieren und eine erste Bewertung des erheblichen Sicherheitsvorfalls, einschließlich seiner Schwere und seiner Auswirkungen, sowie etwaiger Kompromittierungsindikatoren (indicators of compromise — IoC), sofern verfügbar, vorzunehmen. Ein Abschlussbericht sollte spätestens einen Monat nach der Meldung des Sicherheitsvorfalls vorgelegt werden. Die Frühwarnung sollte lediglich die Informationen enthalten, die erforderlich sind, um das CSIRT oder gegebenenfalls die zuständige Behörde über den Sicherheitsvorfall zu unterrichten und es der betreffenden Einrichtung zu ermöglichen, bei Bedarf Hilfe in Anspruch zu nehmen. In einer solchen Frühwarnung sollte gegebenenfalls angegeben werden, ob der Verdacht besteht, dass der erhebliche Sicherheitsvorfall durch rechtswidrige oder böswillige Handlungen verursacht wurde, und ob er wahrscheinlich grenzüberschreitende Auswirkungen hat. Die Mitgliedstaaten sollten sicherstellen, dass die Verpflichtung, diese Frühwarnung oder die anschließende Meldung eines Sicherheitsvorfalls zu übermitteln, nicht dazu führt, dass die meldende Einrichtung die Ressourcen von Tä-

tigkeiten im Zusammenhang mit der Bewältigung von Sicherheitsvorfällen — was vorrangig behandelt werden sollte — umlenken müssen, um zu verhindern, dass die Verpflichtung zur Meldung von Sicherheitsvorfällen entweder dazu führt, das Ressourcen für die Bewältigung erheblicher Sicherheitsvorfälle umgelenkt oder die diesbezüglichen Maßnahmen der Einrichtungen auf andere Weise beeinträchtigt werden. Im Falle eines andauernden Sicherheitsvorfalls zum Zeitpunkt der Vorlage des Abschlussberichts sollten die Mitgliedstaaten sicherstellen, dass die betreffenden Einrichtungen zu diesem Zeitpunkt einen Fortschrittsbericht und einen Abschlussbericht innerhalb eines Monats nach Behandlung des erheblichen Sicherheitsvorfalls vorlegen.

(103) Gegebenenfalls sollten die wesentlichen und wichtigen Einrichtungen den Empfängern ihrer Dienste unverzüglich alle Maßnahmen oder Abhilfemaßnahmen mitteilen, die sie ergreifen können, um die sich aus einer erheblichen Cyberbedrohung ergebenden Risiken zu mindern. Diese Einrichtungen sollten gegebenenfalls und insbesondere dann, wenn die erhebliche Cyberbedrohung wahrscheinlich eintreten wird, auch ihre Nutzer über die Bedrohung selbst informieren. Die Verpflichtung zur Information der Empfänger über solche erheblichen Bedrohungen sollte nach besten Kräften erfüllt werden, sollte diese Einrichtungen jedoch nicht von der Pflicht befreien, auf eigene Kosten angemessene Sofortmaßnahmen zu ergreifen, um jedwede derartige Bedrohung zu verhüten oder zu beseitigen und das normale Sicherheitsniveau des Dienstes wiederherzustellen. Die Bereitstellung solcher Informationen über erhebliche Cyberbedrohungen für die Empfänger sollte kostenlos sein, und die Informationen sollten in leicht verständlicher Sprache abgefasst werden.

(104) Die Anbieter öffentlicher elektronischer Kommunikationsnetze oder öffentlich zugänglicher elektronischer Kommunikationsdienste sollten Sicherheit

durch Technikgestaltung und durch datenschutzfreundliche Voreinstellungen implementieren und
die Empfänger der Dienste über erhebliche Cyberbedrohungen sowie über zusätzliche Maßnahmen
zum Schutz ihrer Geräte und Kommunikationsin-
halte, die sie treffen können, informieren, z. B. den
Einsatz spezieller Software oder von Verschlüsse-
lungsverfahren.

(105) Ein proaktiver Ansatz gegen Cyberbedrohungen ist
ein wesentlicher Bestandteil von Risikomanagement im Bereich der Cybersicherheit und sollte den
zuständigen Behörden ermöglichen, wirksam zu
verhindern, dass Cyberbedrohungen in Sicherheitsvorfälle münden, die erhebliche materielle
oder immaterielle Schäden verursachen können.
Zu diesem Zweck ist die Meldung von Cyberbedrohungen von zentraler Bedeutung. Zu diesem
Zweck wird den Einrichtungen nahegelegt, Cyberbedrohungen auf freiwilliger Basis zu melden.

(106) Um die Übermittlung der nach dieser Richtlinie erforderlichen Informationen zu vereinfachen und
den Verwaltungsaufwand für Einrichtungen zu verringern, sollten die Mitgliedstaaten technische Mittel wie eine zentrale Anlaufstelle, automatisierte
Systeme, Online-Formulare, benutzerfreundliche
Schnittstellen, Vorlagen, spezielle Plattformen für
die Nutzung durch Einrichtungen, unabhängig davon, ob sie in den Anwendungsbereich dieser
Richtlinie fallen, für die Übermittlung der einschlägigen zu meldenden Informationen bereitstellen.
Die Finanzierung durch die Union zur Unterstützung der Umsetzung dieser Richtlinie, insbesondere im Rahmen des mit der Verordnung (EU)
2021/694 des Europäischen Parlaments und des
Rates eingerichteten Programms „Digitales Euro-
pa", könnte die Unterstützung für zentrale Anlaufstellen umfassen. Einrichtungen sind darüber hinaus häufig in einer Situation, in der ein bestimmter
Sicherheitsvorfall aufgrund seiner Merkmale und
sich aus verschiedenen Rechtsinstrumenten erge-
bender Berichtspflichten verschiedenen Behörden

gemeldet werden muss. Solche Fälle führen zu zusätzlichem Verwaltungsaufwand und könnten auch zu Unsicherheiten hinsichtlich des Formats solcher Meldungen und der für sie geltenden Verfahren führen. Wird eine zentrale Anlaufstelle eingerichtet, so wird den Mitgliedstaaten nahegelegt, diese zentrale Anlaufstelle auch für Meldungen von Sicherheitsvorfällen zu nutzen, die nach anderen Rechtsvorschriften der Union wie der Verordnung (EU) 2016/679 und der Richtlinie 2002/58/EG erforderlich sind. Die Nutzung einer solchen zentralen Anlaufstelle für die Meldung von Sicherheitsvorfällen gemäß der Verordnung (EU) 2016/679 und der Richtlinie 2002/58/EG sollte die Anwendung der Bestimmungen der Verordnung (EU) 2016/679 und der Richtlinie 2002/58/EG, insbesondere der Bestimmungen über die Unabhängigkeit der darin genannten Behörden, unberührt lassen. Die ENISA sollte in Zusammenarbeit mit der Kooperationsgruppe mittels Leitlinien einheitliche Meldemuster erstellen, um die Erteilung der gemäß dem Unionsrecht erforderlichen zu meldenden Informationen zu vereinfachen und zu straffen und den Verwaltungsaufwand für meldende Einrichtungen zu verringern.

(107) Wenn der Verdacht besteht, dass ein Sicherheitsvorfall im Zusammenhang mit schweren kriminellen Handlungen nach Unionsrecht oder nationalem Recht steht, sollten die Mitgliedstaaten wesentliche und wichtige Einrichtungen — auf der Grundlage geltender strafverfahrensrechtlicher Bestimmungen im Einklang mit dem Unionsrecht — dazu anhalten, diese Sicherheitsvorfälle mit einem mutmaßlichen schwerwiegenden kriminellen Hintergrund den zuständigen Strafverfolgungsbehörden zu melden. Unbeschadet der für Europol geltenden Vorschriften für den Schutz personenbezogener Daten ist gegebenenfalls die Unterstützung durch Europäisches Zentrum zur Bekämpfung der Cyberkriminalität (EC3) und die ENISA bei der Koordinierung zwischen den zuständigen Behörden und den

Strafverfolgungsbehörden verschiedener Mitgliedstaaten wünschenswert.

(108) Häufig ist bei Sicherheitsvorfällen der Schutz personenbezogener Daten nicht mehr gewährleistet. In diesem Zusammenhang sollten die zuständigen Behörden mit den in der Verordnung (EU) 2016/679 und der Richtlinie 2002/58/EG genannten Behörden zusammenarbeiten und Informationen über alle relevanten Angelegenheiten austauschen.

(109) Die Pflege genauer und vollständiger Datenbanken mit Domänennamen-Registrierungsdaten („WHOIS-Daten") und ein rechtmäßiger Zugang zu diesen Daten sind entscheidend, um die Sicherheit, Stabilität und Resilienz des DNS zu gewährleisten, was wiederum zu einem hohen gemeinsamen Cybersicherheitsniveau in der gesamten Union beiträgt. Zu diesem spezifischen Zweck sollten TLD-Namenregister und Einrichtungen, die Domänennamen-Registrierungsdienste erbringen, verpflichtet sein, bestimmte Daten zu verarbeiten, die zur Erfüllung dieses Zwecks erforderlich sind. Die Verarbeitung stellt eine rechtliche Verpflichtung im Sinne von Artikel 6 Absatz 1 Buchstabe c der Verordnung (EU) 2016/679 dar. Diese Verpflichtung gilt unbeschadet der Möglichkeit, Domänennamen-Registrierungsdaten für andere Zwecke zu erheben, zum Beispiel auf der Grundlage vertraglicher Vereinbarungen oder rechtlicher Anforderungen, die in anderen Rechtsvorschriften der Union oder der Mitgliedstaaten festgelegt sind. Diese Verpflichtung zielt darauf ab, einen vollständigen und genauen Satz von Registrierungsdaten zu erreichen, und sollte nicht dazu führen, dass dieselben Daten mehrfach erhoben werden. Die TLD-Namenregister und die Einrichtungen, die Domänennamen-Registrierungsdienste erbringen, sollten zusammenarbeiten, um Doppelarbeit zu vermeiden.

(110) Die Verfügbarkeit und zeitnahe Zugänglichkeit von Domänennamen-Registrierungsdaten für berechtigte Zugangsnachfrager ist für die Prävention und Bekämpfung von DNS-Missbrauch sowie für die

Prävention und Erkennung von Vorfällen und die Reaktion darauf von wesentlicher Bedeutung. Unter berechtigten Zugangsnachfragern ist jede natürliche oder juristische Person zu verstehen, die einen Antrag gemäß des Unionsrechts oder des nationalen Rechts stellt. Dazu gehören können nach dieser Richtlinie und nach Unionsrecht oder nationalem Recht für die Verhütung, Ermittlung, Aufdeckung oder Verfolgung von Straftaten zuständige Behörden sowie CERTs oder CSIRTs. TLD-Namenregister und Einrichtungen, die Domänennamen-Registrierungsdienste erbringen, sollten verpflichtet sein, berechtigten Zugangsnachfragern im Einklang mit dem Unionsrecht und den nationalen Rechtsvorschriften rechtmäßigen Zugang zu bestimmten Domänennamen-Registrierungsdaten, die zum Zwecke des Antrags auf Zugang notwendig sind, zu gewähren. Dem Antrag berechtigter Zugangsnachfrager sollte eine Begründung beigefügt sein, die es ermöglicht, die Notwendigkeit des Zugangs zu den Daten zu beurteilen.

(111) Zur Gewährleistung der Verfügbarkeit genauer und vollständiger Domänennamen-Registrierungsdaten sollten die TLD-Namenregister und Einrichtungen, die Domänennamen-Registrierungsdienste, die Integrität und Verfügbarkeit von Domänennamen-Registrierungsdaten erfassen und garantieren. Insbesondere sollten TLD-Namenregister und Einrichtungen, die Domänennamen-Registrierungsdienste erbringen, Grundsätze und Verfahren festlegen, um im Einklang mit dem Datenschutzrecht der Union genaue und vollständige Domänennamen-Registrierungsdaten zu erfassen und zu pflegen sowie unrichtige Registrierungsdaten zu verhindern bzw. zu berichtigen. Diese Strategien und Verfahren sollten so weit wie möglich den von den Multi-Stakeholder-Governance-Strukturen auf internationaler Ebene entwickelten Standards Rechnung tragen. TLD-Namenregister und die Einrichtungen, die Domänennamen-Registrierungsdienste erbringen, sollten verhältnismäßige Verfahren für die Überprüfung der Domänennamen-Registrierungs-

daten verabschieden und umsetzen. Bei diesen Verfahren sollten die in dem Wirtschaftszweig angewandten bewährten Verfahren und, soweit möglich, die Fortschritte im Bereich der elektronischen Identifizierung berücksichtigt werden. Beispiele für Überprüfungsverfahren können Ex-ante-Kontrollen zum Zeitpunkt der Registrierung und Ex-post-Kontrollen nach der Registrierung sein. TLD-Namenregister und die Einrichtungen, die Domänennamen-Registrierungsdienste erbringen, sollten insbesondere mindestens eine Kontaktmöglichkeit des Domäneninhabers überprüfen.

(112)   TLD-Namenregister und die Einrichtungen, die Domänennamen-Registrierungsdienste erbringen, sollten Domänennamen-Registrierungsdaten, die nicht in den Anwendungsbereich des Datenschutzrechts der Union fallen, z. B. Daten, die juristische Personen betreffen, gemäß der Präambel der Verordnung (EU) 2016/679 öffentlich zugänglich machen müssen. Bei juristischen Personen sollten die TLD-Namenregister und die Einrichtungen, die Domänennamen-Registrierungsdienste erbringen, zumindest den Namen des Domäneninhabers und die Kontakt-Telefonnummer öffentlich zugänglich machen. Die Kontakt-E-Mail-Adresse sollte ebenfalls veröffentlicht werden, sofern sie keine personenbezogenen Daten enthält u. a. durch den Einsatz eines E-Mail-Alias oder eines Funktionskontos. TLD-Namenregister und die Einrichtungen, die Domänennamen-Registrierungsdienste erbringen, sollten es auch ermöglichen, dass berechtigte Zugangsnachfrager rechtmäßigen Zugang zu bestimmten Domänennamen-Registrierungsdaten natürlicher Personen im Einklang mit dem Datenschutzrecht der Unionerhalten. Die Mitgliedstaaten sollten TLD-Namenregister und die Einrichtungen, die Domänennamen-Registrierungsdienste erbringen, verpflichten, Anträge auf Offenlegung von Domänennamen-Registrierungsdaten von berechtigten Zugangsnachfragern unverzüglich zu beantworten. TLD-Namenregister und die Einrichtungen, die Domänennamen-Registrierungsdienste erbrin-

gen, sollten Grundsätze und Verfahren für die Veröffentlichung und Offenlegung von Registrierungsdaten festlegen, einschließlich Leistungsvereinba-
rungen für die Bearbeitung von Anträgen berechtigter Zugangsnachfrager. Diese Strategien und
Verfahren sollten so weit wie möglich etwaigen
Leitlinien und den von den Multi-Stakeholder-Governance-Strukturen auf internationaler Ebene
entwickelten Standards Rechnung tragen. Das Zu-
gangsverfahren könnte auch die Verwendung einer
Schnittstelle, eines Portals oder eines anderen
technischen Instruments umfassen, um ein effizien-
tes System für die Anforderung von und den Zugriff
auf Registrierungsdaten bereitzustellen. Zur Förderung einheitlicher Verfahren für den gesamten Binnenmarkt kann die Kommission unbeschadet der
Zuständigkeiten des Europäischen Datenschutz-
ausschusses Leitlinien zu solchen Verfahren bereitstellen, bei denen so weit wie möglich den von
den Multi-Stakeholder-Governance-Strukturen auf
internationaler Ebene entwickelten Standards
Rechnung getragen wird. Die Mitgliedstaaten sollten dafür sorgen, dass alle Arten des Zugangs zu
personenbezogene und nicht personenbezogenen
Domänennamen-Registrierungsdaten kostenfrei
sind.

(113)   Einrichtungen, die unter diese Richtlinie fallen, sollten der Zuständigkeit des Mitgliedstaats unterliegen, in dem sie niedergelassen sind. Anbieter öffentlicher elektronischer Kommunikationsnetze
oder Anbieter öffentlich zugänglicher elektronischer
Kommunikationsdienste sollten jedoch als der Zuständigkeit des Mitgliedstaats unterliegend betrachtet werden, in dem sie ihre Dienste erbringen;
DNS-Diensteanbieter, TLD-Namenregister, Einrichtungen, die Domänennamen-Registrierungsdienste
erbringen, Anbieter von Cloud-Computing-Diensten, Anbieter von Rechenzentrumsdiensten, Betreiber von Inhaltszustellnetzen, Anbieter von verwalteten Diensten, Anbieter von verwalteten Sicherheitsdiensten sowie Anbieter von Online-
Marktplätzen, Anbieter von Online-Suchmaschinen

oder Anbieter von Plattformen für Dienste sozialer Netzwerke sollten als der Zuständigkeit des Mitgliedstaats unterliegend betrachtet werden, in dem sie ihre Hauptniederlassung in der Union haben. Einrichtungen der öffentlichen Verwaltung sollten als der Zuständigkeit des Mitgliedstaats unterliegend betrachtet werden, in dem sie niedergelassen sind. Erbringt die Einrichtung Dienste in mehreren Mitgliedstaaten oder hat sie Niederlassungen in mehreren Mitgliedstaaten, so sollte sie unter die getrennte und parallele Zuständigkeit der betreffenden Mitgliedstaaten fallen. Die zuständigen Behörden dieser Mitgliedstaaten sollten zusammenarbeiten, einander Amtshilfe leisten und gegebenenfalls gemeinsame Aufsichtstätigkeiten durchführen. Wenn die Mitgliedstaaten ihre Zuständigkeit ausüben, sollten sie gemäß dem Grundsatz „ne bis in idem" keine Durchsetzungsmaßnahmen oder Sanktionen mehr als einmal für ein und dasselbe Verhalten verhängen.

(114) Da die Dienste und Tätigkeiten, die von DNS-Diensteanbietern, TLD-Namenregistern, Einrichtungen, die Domänennamen-Registrierungsdienste erbringen, Anbietern von Cloud-Computing-Diensten, Anbietern von Rechenzentrumsdiensten, Betreibern von Inhaltszustellnetzen, Anbietern von verwalteten Diensten, Anbietern von verwalteten Sicherheitsdiensten, Anbietern von Online-Marktplätzen, Anbietern von Online-Suchmaschinen sowie Anbieter von Plattformen für Dienste sozialer Netzwerke grenzübergreifenden Charakter haben, sollte jeweils immer nur ein Mitgliedstaat für diese Einrichtungen zuständig sein. Die Zuständigkeit sollte bei dem Mitgliedstaat liegen, in dem die betreffende Einrichtung ihre Hauptniederlassung in der Union hat. Das Kriterium der Niederlassung im Sinne dieser Richtlinie setzt die effektive und tatsächliche Ausübung einer Tätigkeit durch eine feste Einrichtung voraus. Die Rechtsform einer solchen Einrichtung, gleich, ob es sich um eine Zweigstelle oder eine Tochtergesellschaft mit eigener Rechtspersönlichkeit handelt, ist dabei uner-

heblich. Dieses Kriterium sollte nicht davon abhängen, ob die Netz- und Informationssysteme an einem bestimmten Ort physisch untergebracht sind; die Existenz und die Nutzung derartiger Systeme stellen an sich keine derartige Hauptniederlassung dar und sind daher kein ausschlaggebendes Kriterium für die Bestimmung der Hauptniederlassung. Die Hauptniederlassung sollte als in dem Mitgliedstaat angesehen sein, an dem in der Union über Maßnahmen zum Cybersicherheitsrisikomanagement vorwiegend entschieden wird. In der Regel entspricht dies dem Ort, an dem sich die Hauptverwaltung der Einrichtungen in der Union befindet. Kann ein solcher Mitgliedstaat nicht bestimmt werden oder werden solche Entscheidungen nicht in der Union getroffen, so gilt als Hauptniederlassung der Mitgliedstaat, in dem die Cybersicherheitsmaßnahmen durchgeführt werden. Werden solche Entscheidungen nicht in der Union getroffen, ist davon auszugehen, dass sich die Hauptniederlassung in dem Mitgliedstaat befindet, in dem die Einrichtung über eine Niederlassung mit der unionsweit höchsten Beschäftigtenzahl verfügt. Werden die Dienste von einer Unternehmensgruppe ausgeführt, so sollte die Hauptniederlassung des herrschenden Unternehmens als Hauptniederlassung der Unternehmensgruppe gelten.

(115)   Wenn ein Anbieter öffentlicher elektronischer Kommunikationsnetze oder öffentlich zugänglicher elektronischer Kommunikationsdienste einen öffentlich zugänglichen rekursiven DNS-Dienst nur als Teil des Internetzugangsdienstes anbietet, so sollte davon ausgegangen werden, dass die Einrichtung der Zuständigkeit aller Mitgliedstaaten unterliegt, in denen sie ihre Dienste erbringt.

(116)   Bietet ein DNS-Diensteanbieter, ein TLD-Namenregister, eine Einrichtung, die Domänennamen-Registrierungsdienste erbringt, ein Anbieter von Cloud-Computing-Diensten, ein Anbieter von Rechenzentren, ein Anbieter von Inhaltezustellnetzen, ein verwalteter Diensteanbieter, ein verwalteter

Anbieter von Sicherheitsdiensten oder ein Anbieter eines Online-Marktplatzes, einer Online-Suchmaschine oder einer Plattform sozialer Netzwerke, der nicht in der Union niedergelassen ist, Dienste innerhalb der Union an, so sollte er einen Vertreter in der Union benennen. Um festzustellen, ob eine solche Einrichtung in der Union Dienste anbietet, sollte geprüft werden, ob sie beabsichtigt, Personen in einem oder mehreren Mitgliedstaaten Dienste anzubieten. Die bloße Zugänglichkeit der Website einer Einrichtung oder eines Vermittlers von der Union aus oder einer E-Mail-Adresse oder anderer Kontaktdaten sollten zur Feststellung einer solchen Absicht ebenso wenig als ausreichend betrachtet werden wie die Verwendung einer Sprache, die in dem Drittland, in dem die Einrichtung niedergelassen ist, allgemein gebräuchlich ist. Jedoch können andere Faktoren wie die Verwendung einer Sprache oder Währung, die in einem oder mehreren Mitgliedstaaten gebräuchlich ist, in Verbindung mit der Möglichkeit, Dienste in dieser Sprache zu bestellen, oder die Erwähnung von Kunden oder Nutzern in der Union darauf hindeuten, dass die Einrichtung beabsichtigt, in der Union Dienste anzubieten. Der Vertreter sollte im Auftrag der Einrichtung handeln, und es sollte für die zuständigen Behörden oder CSIRTs möglich sein, sich an ihn zu wenden. Der Vertreter sollte von der Einrichtung ausdrücklich schriftlich beauftragt werden, im Rahmen der sich aus dieser Richtlinie ergebenden Pflichten der Einrichtung in deren Auftrag zu handeln, was auch die Meldung von Sicherheitsvorfällen einschließt.

(117)   Um einen klaren Überblick über DNS-Diensteanbieter, TLD-Namenregister, Einrichtungen, die Domänennamenregistrierungsdienste erbringen, Anbieter von Cloud-Computing-Diensten, Anbieter von Rechenzentren, Anbietern von Inhaltszustellnetzen, verwalteten Diensteanbietern, Anbietern von verwalteten Sicherheitsdiensten sowie Anbietern von Online-Marktplätzen, Online-Suchmaschinen und Plattformen für soziale Netzwerke zu ge-

währleisten, die unionsweit Dienste erbringen, die in den Anwendungsbereich dieser Richtlinie fallen, sollte die ENISA auf der Grundlage der Informationen, die die Mitgliedstaaten gegebenenfalls über für die Selbstregistrierung von Einrichtungen eingerichtete nationale Mechanismen erhalten, ein Register solcher Einrichtungen einrichten und führen. Die zentralen Anlaufstellen sollten der ENISA die Informationen und alle diesbezüglichen Änderungen übermitteln. Um die Richtigkeit und Vollständigkeit der in dieses Register aufzunehmenden Informationen sicherzustellen, können die Mitgliedstaaten der ENISA die in nationalen Registern verfügbaren Informationen über diese Einrichtungen übermitteln. Die ENISA und die Mitgliedstaaten sollten Maßnahmen ergreifen, um die Interoperabilität solcher Register zu fördern und gleichzeitig den Schutz vertraulicher oder als Verschlusssachen eingestufter Informationen zu gewährleisten. Die ENISA sollte geeignete Informationsklassifizierungs- und -verwaltungsprotokolle erstellen, um die Sicherheit und Vertraulichkeit offengelegter Informationen sicherzustellen und den Zugang, die Speicherung und die Übermittlung derartiger Informationen an die vorgesehenen Nutzer zu beschränken.

(118) Werden Informationen, die gemäß Unionsrecht oder nationalem Recht als vertraulich eingestuft sind, im Rahmen dieser Richtlinie ausgetauscht, gemeldet oder auf andere Weise weitergegeben, so sollten die entsprechenden Vorschriften für den Umgang mit Verschlusssachen angewandt werden. Darüber hinaus sollte die ENISA über die Infrastruktur, Verfahren und Vorschriften verfügen, um sensible und als Verschlusssache eingestufte Informationen gemäß den geltenden Sicherheitsvorschriften zum Schutz von EU-Verschlusssachen zu behandeln.

(119) Da Cyberbedrohungen komplexer und technisch ausgereifter werden, hängen eine gute Erkennung dieser Bedrohungen und entsprechende Präventi-

onsmaßnahmen in hohem Maße von einem regelmäßigen Informationsaustausch zwischen den Einrichtungen über Bedrohungen und Schwachstellen ab. Ein Informationsaustausch trägt dazu bei, das Bewusstsein für Cyberbedrohungen zu schärfen, wodurch Einrichtungen Bedrohungen abwehren können, bevor diese in Sicherheitsvorfälle münden, und in der Lage sind, die Auswirkungen von Sicherheitsvorfällen besser einzudämmen und effizienter zu reagieren. In Ermangelung von Leitlinien auf Unionsebene scheinen unterschiedliche Faktoren einen solchen Wissensaustausch verhindert zu haben, insbesondere die nicht geklärte Vereinbarkeit mit den Wettbewerbs- und Haftungsvorschriften.

(120) Die Einrichtungen sollten ermutigt und von den Mitgliedstaaten dabei unterstützt werden, ihre individuellen Kenntnisse und praktischen Erfahrungen auf strategischer, taktischer und operativer Ebene gemeinsam zu nutzen, damit sich ihre Fähigkeit verbessert, Sicherheitsvorfälle angemessen zu verhindern, zu erkennen, auf sie zu reagieren, sie zu bewältigen oder in ihrer Wirkung zu begrenzen. Daher muss dafür gesorgt werden, dass auf Unionsebene Vereinbarungen über den freiwilligen Informationsaustausch getroffen werden können. Zu diesem Zweck sollten die Mitgliedstaaten Einrichtungen, wie jene, die Cybersicherheitsdienste und -forschung anbieten, sowie einschlägige Einrichtungen, die nicht unter diese Richtlinie fallen, aktiv unterstützen und dazu anhalten, sich an solchen Vereinbarungen zum Austausch von Informationen über Cybersicherheit zu beteiligen. Diese Vereinbarungen sollten in Einklang mit den Wettbewerbsvorschriften der Union und dem Datenschutzrecht der Union getroffen werden.

(121) Die Verarbeitung personenbezogener Daten durch wesentliche und wichtige Einrichtungen in dem zur Gewährleistung der Sicherheit von Netz- und Informationssystemen erforderlichen und verhältnismäßigen Umfang könnte auf der Grundlage als

rechtmäßig angesehen werden, dass diese Verarbeitung einer rechtlichen Verpflichtung entspricht, der der Verantwortliche gemäß Artikel 6 Absatz 1 Buchstabe c und Artikel 6 Absatz 3 der Verordnung (EU) 2016/679 unterliegt. Die Verarbeitung personenbezogener Daten könnte auch für berechtigte Interessen erforderlich sein, die von wesentlichen und wichtigen Einrichtungen sowie von Anbietern von Sicherheitstechnologien und -diensten, die im Namen dieser Einrichtungen handeln, gemäß Artikel 6 Absatz 1 Buchstabe f der Verordnung (EU) 2016/679 wahrgenommen werden, auch wenn eine solche Verarbeitung für Vereinbarungen über den Informationsaustausch im Bereich der Cybersicherheit oder die freiwillige Mitteilung relevanter Informationen gemäß dieser Richtlinie erforderlich ist. Maßnahmen im Hinblick auf die Verhütung, Erkennung, Identifizierung, Eindämmung, Analyse und Bewältigung von Sicherheitsvorfällen, Maßnahmen zur Sensibilisierung für spezifische Cyberbedrohungen, Informationsaustausch im Zusammenhang mit der Behebung von Schwachstellen und der koordinierten Offenlegung von Schwachstellen, freiwilliger Austausch von Informationen über solche Sicherheitsvorfälle sowie über Cyberbedrohungen und Schwachstellen, Kompromittierungsindikatoren, Taktiken, Vorgehensweisen und Verfahren, Cybersicherheitswarnungen und Konfigurationstools könnten erfordern die Verarbeitung bestimmter Kategorien personenbezogener Daten wie IP-Adressen, URL-Adressen (Uniform Resource Locators – URLs), Domänennamen, E-Mail-Adressen oder, sofern diese personenbezogene Daten anzeigen, Zeitstempel. Die Verarbeitung personenbezogener Daten durch die zuständigen Behörden, zentralen Anlaufstellen und CSIRTs könnte eine rechtliche Verpflichtung darstellen oder als für die Wahrnehmung einer Aufgabe im öffentlichen Interesse oder in Ausübung öffentlicher Gewalt erforderlich angesehen werden, die dem jeweiligen Verantwortlichen gemäß Artikel 6 Absatz 1 Buchstabe c oder e und Artikel 6 Absatz 3 der Verordnung (EU) 2016/679 übertragen wurde, oder zur

Verfolgung eines berechtigten Interesses der wesentlichen und wichtigen Einrichtungen gemäß Artikel 6 Absatz 1 Buchstabe f jener Verordnung. Darüber hinaus könnten im nationalen Recht Vorschriften festgelegt werden, die es den zuständigen Behörden, zentralen Anlaufstellen und CSIRTs ermöglichen, besondere Kategorien personenbezogener Daten gemäß Artikel 9 der Verordnung (EU) 2016/679 zu verarbeiten, soweit dies zur Gewährleistung der Sicherheit der Netz- und Informationssysteme wesentlicher und wichtiger Einrichtungen erforderlich und verhältnismäßig ist, insbesondere indem geeignete und besondere Maßnahmen zum Schutz der Grundrechte und Interessen natürlicher Personen vorgesehen werden, einschließlich technischer Beschränkungen für die Weiterverwendung solcher Daten und die Anwendung modernster Sicherheits- und Datenschutzvorkehrungen wie Pseudonymisierung oder Verschlüsselung, wenn die Anonymisierung den verfolgten Zweck erheblich beeinträchtigen könnte.

(122) Zur Stärkung der Aufsichtsbefugnisse und der Maßnahmen, die zu einer wirksamen Befolgung der Vorschriften beitragen, sollte diese Richtlinie einen Mindestumfang an Aufsichtsmaßnahmen und -mitteln vorsehen, mit welchen die zuständigen Behörden wesentliche und wichtige Einrichtungen beaufsichtigen können. Darüber hinaus sollte in dieser Richtlinie eine Abgrenzung zwischen den Aufsichtssystemen für wesentliche und für wichtige Einrichtungen vorgenommen werden, um die Verpflichtungen für diese Einrichtungen und für die zuständigen Behörden ausgewogen zu gestalten. Daher sollten wesentliche Einrichtungen einem umfassenden Ex-ante- und Ex-post-Aufsichtssystem unterliegen, während wichtige Einrichtungen einem einfachen, ausschließlich nachträglichen Aufsichtssystem unterliegen sollten. Wichtige Einrichtungen müssten daher die Erfüllung der Anforderungen hinsichtlich der Maßnahmen des Cybersicherheitsrisikomanagements nicht systematisch dokumentieren, während die zuständigen Behör-

den ein reaktives Ex-post-Aufsichtskonzept anwenden und deshalb nicht generell verpflichtet sein sollten, diese Einrichtungen zu beaufsichtigen. Bei wichtigen Einrichtungen kann eine Ex-post-Aufsicht dadurch ausgelöst werden, dass den zuständigen Behörden Belege oder Hinweise oder Informationen zur Kenntnis gebracht werden, die von ihnen als Anzeichen für eine mögliche Verstöße gegen diese Richtlinie gedeutet werden. Solche Belege, Hinweise oder Informationen könnten beispielsweise den zuständigen Behörden von anderen Behörden, Einrichtungen, Bürgern oder Medien zur Verfügung gestellt werden oder aus anderen Quellen oder öffentlich zugänglichen Informationen herrühren oder sich aus anderen Tätigkeiten der zuständigen Behörden bei der Wahrnehmung ihrer Aufgaben ergeben.

(123) Die Wahrnehmung von Aufsichtsaufgaben durch die zuständigen Behörden sollte die Geschäftstätigkeit der betreffenden Einrichtung nicht unnötig behindern. Wenn die zuständigen Behörden ihre Aufsichtsaufgaben in Bezug auf wesentliche Einrichtungen wahrnehmen, einschließlich der Durchführung von Vor-Ort-Prüfungen und der externen Aufsicht, der Untersuchung von Verstößen gegen diese Richtlinie, der Durchführung von Sicherheitsaudits oder Sicherheitsscans, sollten sie die Auswirkungen auf die Geschäftstätigkeit der betreffenden Einrichtung so gering wie möglich halten.

(124) Im Zusammenhang mit der Ex-ante-Aufsicht sollten die zuständigen Behörden die Möglichkeit haben, darüber zu entscheiden, ob die ihnen zur Verfügung stehenden Aufsichtsmaßnahmen und -mittel unter Wahrung der Verhältnismäßigkeit mit Vorrang angewandt werden. Dies bedeutet, dass die zuständigen Behörden über eine solche Priorisierung auf der Grundlage von Aufsichtsmethoden entscheiden können, die auf einem risikobasierten Ansatz beruhen sollten. Konkret könnten solche Methoden Kriterien oder Benchmarks für die Einstufung wesentlicher Einrichtungen in Risikokate-

gorien und entsprechende Aufsichtsmaßnahmen und -mittel, die für jede Risikokategorie empfohlen werden, umfassen, wie etwa die Durchführung, Häufigkeit oder Arten der Vor-Ort-Kontrollen, gezielten Sicherheitsprüfungen oder Sicherheitsscans, die Art der verlangten Informationen und der Detaillierungsgrad dieser Informationen. Solche Aufsichtsmethoden könnten auch mit Arbeitsprogrammen einhergehen und regelmäßig bewertet und überprüft werden, auch in Bezug auf Aspekte wie Mittelzuweisung und -bedarf. Bei Einrichtungen der öffentlichen Verwaltung sollten die Aufsichtsbefugnisse im Einklang mit dem jeweiligen nationalen rechtlichen und institutionellen Rahmen ausgeübt werden.

(125) Die zuständigen Behörden sollten sicherstellen, dass ihre Aufsichtsaufgaben in Bezug auf wesentliche und wichtige Einrichtungen von geschulten Fachkräften wahrgenommen werden, die über die für die Wahrnehmung dieser Aufgaben erforderlichen Kompetenzen verfügen sollten, insbesondere im Hinblick auf die Durchführung von Vor-Ort-Prüfungen und die externe Aufsicht, einschließlich der Ermittlung von Schwachstellen in Datenbanken, Hardware, Firewalls, Verschlüsselung und Netzwerken. Diese Inspektionen und die Überwachung sollten objektiv durchgeführt werden.

(126) In hinreichend begründeten Fällen, in denen ihr eine erhebliche Cyberbedrohung oder ein unmittelbar bevorstehendes Risiko bekannt ist, sollte die zuständige Behörde in der Lage sein, unverzüglich Durchsetzungsentscheidungen zu treffen, um einen Sicherheitsvorfall zu verhindern oder darauf zu reagieren.

(127) Für eine wirksame Durchsetzung sollte eine Mindestliste von Durchsetzungsbefugnissen, die bei Verstößen gegen die Verpflichtungen im Bereich des Cybersicherheitsrisikomanagements und die Berichtspflichten gemäß dieser Richtlinie ausgeübt werden können, festgelegt werden, womit für die gesamte Union ein klarer und kohärenter Rahmen

für solche Durchsetzung geschaffen wird. Folgendem sollte gebührend Rechnung getragen werden: der Art, Schwere und Dauer des Verstoßes gegen diese Richtlinie, dem entstandenen materiellen oder immateriellen Schaden, der Frage, ob der Verstoß vorsätzlich oder fahrlässig begangen wurde, den Maßnahmen zur Vermeidung oder Minderung des entstandenen materiellen oder immateriellen Schadens, dem Grad der Verantwortlichkeit oder jeglichem früheren Verstoß, dem Umfang der Zusammenarbeit mit der Aufsichtsbehörde sowie jedem anderen erschwerenden oder mildernden Umstand. Die Durchsetzungsmaßnahmen, einschließlich Geldbußen, sollten verhältnismäßig sein, und für die Verhängung sollte es angemessene Verfahrensgarantien geben, die den allgemeinen Grundsätzen des Unionsrechts und der Charta der Grundrechte der Europäischen Union (die „Charta"), einschließlich des Rechts auf einen wirksamen Rechtsbehelf und ein faires Verfahren sowie der Unschuldsvermutung und des Rechts der Verteidigung, entsprechen.

(128) Mit dieser Richtlinie werden die Mitgliedstaaten nicht verpflichtet, eine strafrechtliche oder zivilrechtliche Haftung gegenüber natürlichen Personen vorzusehen, die dafür verantwortlich sind, dass eine Einrichtung die Bestimmungen dieser Richtlinie für Schäden einhält, die Dritten infolge eines Verstoßes gegen diese Richtlinie entstanden sind.

(129) Um die wirksame Durchsetzung der in dieser Richtlinie festgelegten Verpflichtungen zu gewährleisten, sollte jede zuständige Behörde befugt sein, Geldbußen aufzuerlegen oder ihre Auferlegung zu beantragen.

(130) Wird einer wesentlichen oder wichtigen Einrichtung, bei der es sich um ein Unternehmen handelt, eine Geldbuße auferlegt, sollte zu diesem Zweck der Begriff „Unternehmen" im Sinne der Artikel 101 und 102 AEUV verstanden werden. Wird einer Person, bei der es sich nicht um ein Unternehmen handelt, eine Geldbuße auferlegt, so sollte die zu-

ständige Behörde bei der geeigneten Bemessung der Geldbuße dem allgemeinen Einkommensniveau in dem betreffenden Mitgliedstaat und der wirtschaftlichen Lage der Personen Rechnung tragen. Die Mitgliedstaaten sollten bestimmen können, ob und inwieweit gegen Behörden Geldbußen verhängt werden können. Auch wenn die zuständigen Behörden bereits Geldbußen auferlegt haben, können sie ihre anderen Befugnisse ausüben oder andere Sanktionen verhängen, die in den nationalen Vorschriften zur Umsetzung dieser Richtlinie festgelegt sind.

(131) Die Mitgliedstaaten sollten die strafrechtlichen Sanktionen für Verstöße gegen die nationalen Vorschriften zur Umsetzung dieser Richtlinie festlegen können. Die Verhängung von strafrechtlichen Sanktionen für Verstöße gegen solche nationalen Vorschriften und von entsprechenden verwaltungsrechtlichen Sanktionen sollte jedoch nicht zu einer Verletzung des Grundsatzes „ne bis in idem", wie er vom Gerichtshof der Europäischen Union ausgelegt worden ist, führen.

(132) Soweit diese Richtlinie verwaltungsrechtliche Sanktionen nicht harmonisiert oder wenn es in anderen Fällen — beispielsweise bei einem schweren Verstoß gegen diese Richtlinie — erforderlich ist, sollten die Mitgliedstaaten eine Regelung anwenden, die wirksame, verhältnismäßige und abschreckende Sanktionen vorsieht. Die Art dieser Sanktionen und die Frage, ob es strafrechtliche oder verwaltungsrechtliche Sanktionen sind, sollte im nationalen Recht geregelt werden.

(133) Um die Wirksamkeit und Abschreckungskraft der Durchsetzungsmaßnahmen bei Verstößen gegen diese Richtlinie zu erhöhen, sollten die zuständigen Behörden befugt sein, die Zertifizierung oder Genehmigung für einen Teil oder alle von einer wesentlichen Einrichtung erbrachten relevanten Dienste vorübergehend auszusetzen oder dies zu beantragen, und zu verlangen, dass natürlichen Personen die Ausübung von Leitungsaufgaben auf

Geschäftsführungs- bzw. Vorstandsebene oder Ebene des rechtlichen Vertreters vorübergehend untersagt wird. Angesichts ihrer Schwere und ihrer Auswirkungen auf die Tätigkeiten der Einrichtungen und letztlich auf die Nutzer sollten solche vorübergehenden Aussetzungen oder Verbote lediglich im Verhältnis zur Schwere des Verstoßes und unter Berücksichtigung der besonderen Umstände des Einzelfalls verhängt werden; hierzu zählen auch die Frage, ob der Verstoß vorsätzlich oder fahrlässig begangen wurde, sowie die zur Verhinderung oder Minderung des materiellen oder immateriellen erlittenen Schadens ergriffenen Maßnahmen. Solche vorübergehenden Aussetzungen oder Verbote sollten nur als letztes Mittel verhängt werden, also erst nachdem die anderen einschlägigen Durchsetzungsmaßnahmen nach dieser Richtlinie ausgeschöpft wurden, und nur so lange, bis die betreffende Einrichtung die erforderlichen Maßnahmen zur Behebung der Mängel ergreifen oder die Anforderungen der zuständigen Behörde, auf die sich solche vorübergehenden Aussetzungen oder Verbote beziehen, erfüllen. Für die Anwendung solcher vorübergehenden Aussetzungen oder Verbote sollte es angemessene Verfahrensgarantien geben, die den allgemeinen Grundsätzen des Unionsrechts und der Charta, einschließlich des Rechts auf wirksamen Rechtsschutz und ein faires Verfahren, der Unschuldsvermutung und der Verteidigungsrechte, entsprechen.

(134)	Um sicherzustellen, dass die Einrichtungen ihren Verpflichtungen aus dieser Richtlinie nachkommen, sollten die Mitgliedstaaten bei Aufsichts- und Durchsetzungsmaßnahmen zusammenarbeiten und einander dabei unterstützen, insbesondere wenn eine Einrichtung Dienste in mehr als einem Mitgliedstaat erbringt oder ihre Netz- und Informationssysteme in einem anderen Mitgliedstaat als demjenigen angesiedelt sind, in dem sie Dienste erbringt. Bei der Bereitstellung von Unterstützung sollte die ersuchte zuständige Behörde im Einklang mit den nationalen Rechtsvorschriften Aufsichts-

oder Durchsetzungsmaßnahmen ergreifen. Um das reibungslose Funktionieren der Amtshilfe im Rahmen dieser Richtlinie sicherzustellen, sollten die zuständigen Behörden die Kooperationsgruppe als Forum nutzen, um Fälle und einzelne Amtshilfeersuchen zu erörtern.

(135) Um eine wirksame Aufsicht und Durchsetzung insbesondere in einem Fall mit grenzüberschreitender Dimension zu gewährleisten, sollte ein Mitgliedstaat, bei dem ein Amtshilfeersuchen eingegangen ist, in einem dem Ersuchen entsprechenden Umfang geeignete Aufsichts- und Durchsetzungsmaßnahmen in Bezug auf die Einrichtung, die Gegenstand des Ersuchens ist und die im Hoheitsgebiet jenes Mitgliedstaates Dienste anbietet oder ein Netz- und Informationssystem betreibt, ergreifen.

(136) Mit dieser Richtlinie sollten Regeln für die Zusammenarbeit zwischen den zuständigen Behörden und den Aufsichtsbehörden gemäß der Verordnung (EU) 2016/679 festgelegt werden, um gegen Verstöße gegen diese Richtlinie im Zusammenhang mit personenbezogenen Daten vorzugehen.

(137) Die Richtlinie sollte darauf abzielen, auf Ebene der wesentlichen und wichtigen Einrichtungen ein hohes Maß an Verantwortung für die Risikomanagementmaßnahmen und die Berichtspflichten im Bereich der Cybersicherheit sicherzustellen. Daher sollten die Leitungsorgane der wesentlichen und wichtigen Einrichtungen die Risikomanagementmaßnahmen im Bereich der Cybersicherheit genehmigen und deren Umsetzung überwachen.

(138) Um auf der Grundlage dieser Richtlinie ein hohes gemeinsames Cybersicherheitsniveau in der Union zu gewährleisten, sollte der Kommission die Befugnis übertragen werden, gemäß Artikel 290 AEUV Rechtsakte zur Ergänzung dieser Richtlinie zu erlassen, in denen festgelegt wird, welche Kategorien wesentlicher und wichtiger Einrichtungen zur Verwendung bestimmter zertifizierter IKT-Produkte, -Dienste und -Prozesse oder zur Erlangung

eines Zertifikats im Rahmen eines europäischen Schemas für die Cybersicherheitszertifizierung verpflichtet sind. Es ist von besonderer Bedeutung, dass die Kommission im Zuge ihrer Vorbereitungsarbeit angemessene Konsultationen, auch auf der Ebene von Sachverständigen, durchführt, die mit den Grundsätzen in Einklang stehen, die in der Interinstitutionellen Vereinbarung vom 13. April 2016 über bessere Rechtsetzung niedergelegt wurden. Um insbesondere für eine gleichberechtigte Beteiligung an der Vorbereitung delegierter Rechtsakte zu sorgen, erhalten das Europäische Parlament und der Rat alle Dokumente zur gleichen Zeit wie die Sachverständigen der Mitgliedstaaten, und ihre Sachverständigen haben systematisch Zugang zu den Sitzungen der Sachverständigengruppen der Kommission, die mit der Vorbereitung der delegierten Rechtsakte befasst sind.

(139) Um einheitliche Bedingungen für die Durchführung dieser Richtlinie zu gewährleisten, sollten der Kommission Durchführungsbefugnisse übertragen werden, um die für die Arbeitsweise der Kooperationsgruppe erforderlichen Verfahrensregelungen und die technischen und methodischen sowie sektorspezifischen Anforderungen an die Risikomanagementmaßnahmen im Bereich der Cybersicherheit festzulegen und die Art der Informationen, das Format und das Verfahren von Sicherheitsvorfällen, Cyberbedrohungen und Meldungen über Beinahe-Vorfälle und erhebliche Cyberbedrohungen sowie Fälle, in denen ein Sicherheitsvorfall als erheblich anzusehen ist, näher zu bestimmen. Diese Befugnisse sollten im Einklang mit der Verordnung (EU) Nr. 182/2011 des Europäischen Parlaments und des Rates ausgeübt werden.

(140) Die Kommission sollte diese Richtlinie regelmäßig nach Abstimmung mit den Interessenträgern überprüfen, insbesondere um festzustellen, ob angesichts veränderter gesellschaftlicher, politischer oder technischer Bedingungen oder veränderter

Marktbedingungen Änderungen vorgeschlagen werden sollten. Im Rahmen dieser Überprüfungen sollte die Kommission die Bedeutung der Größe der betreffenden Einrichtungen und der in den Anhängen dieser Richtlinie genannten Sektoren, Teilsektoren und Arten von Einrichtungen für das Funktionieren von Wirtschaft und Gesellschaft in Bezug auf die Cybersicherheit bewerten. Die Kommission sollte unter anderem prüfen, ob Anbieter die in den Anwendungsbereich dieser Richtlinie fallen und die als sehr große Online-Plattformen im Sinne des Artikels 33 der Verordnung (EU) 2022/2065 des Europäischen Parlaments und des Rates benannt sind, als wesentliche Einrichtungen im Sinne dieser Richtlinie ermittelt werden könnten.

(141)   Mit dieser Richtlinie werden neue Aufgaben für die ENISA geschaffen, wodurch ihre Rolle gestärkt wird, und sie könnte auch dazu führen, dass die ENISA ihre bestehenden Aufgaben gemäß der Verordnung (EU) 2019/881 auf einer höheren Ebene als zuvor ausführen muss. Um sicherzustellen, dass die ENISA über die erforderlichen finanziellen und personellen Ressourcen verfügt, um bestehende und neue Aufgaben im Rahmen ihrer Aufgaben zu erledigen und um etwaigen höheren Anforderungen, die sich aus ihrer erweiterten Rolle ergeben, gerecht zu werden, sollte ihr Haushalt entsprechend aufgestockt werden. Um eine effiziente Nutzung der Ressourcen zu gewährleisten, sollte die ENISA außerdem eine größere Flexibilität bei der Art und Weise erhalten, in der es ihr möglich ist, die Ressourcen intern zuzuweisen, damit sie ihre Aufgaben wirksam wahrnehmen und die Erwartungen erfüllen kann.

(142)   Da das Ziel dieser Richtlinie, nämlich die Erreichung eines hohen gemeinsamen Cybersicherheitsniveaus in der gesamten Union, von den Mitgliedstaaten nicht ausreichend verwirklicht werden kann, sondern vielmehr wegen der Wirkung der Maßnahme auf Unionsebene besser zu verwirklichen ist, kann die Union in Einklang mit dem in

Artikel 5 des Vertrags über die Europäische Union verankerten Subsidiaritätsprinzip tätig werden. Entsprechend dem in demselben Artikel genannten Grundsatz der Verhältnismäßigkeit geht diese Richtlinie nicht über das für die Verwirklichung dieses Ziels erforderliche Maß hinaus.

(143) Diese Richtlinie steht im Einklang mit den Grundrechten und den mit der Charta anerkannten Grundsätzen, insbesondere dem Recht auf Achtung des Privatlebens und der privaten Kommunikation, dem Recht auf Schutz personenbezogener Daten, der unternehmerischen Freiheit, dem Recht auf Eigentum, dem Recht auf einen wirksamen Rechtsbehelf und ein faires Gerichtsverfahren, der Unschuldsvermutung und der Verteidigungsrechte. Das Recht auf einen wirksamen Rechtsbehelf erstreckt sich auf die Empfänger von Diensten, die von wesentlichen und wichtigen Einrichtungen erbracht werden. Diese Richtlinie sollte im Einklang mit diesen Rechten und Grundsätzen umgesetzt werden.

(144) Der Europäische Datenschutzbeauftragte wurde gemäß Artikel 42 Absatz 1 der Verordnung (EU) 2018/1725 des Europäischen Parlaments und des Rates angehört und hat am 11. März 2021 eine Stellungnahme abgegeben —

HABEN FOLGENDE RICHTLINIE ERLASSEN:

KAPITEL I ALLGEMEINE BESTIMMUNGEN

Artikel 1 Gegenstand

(1) In dieser Richtlinie werden Maßnahmen festgelegt, mit denen in der gesamten Union ein hohes gemeinsames Cybersicherheitsniveau sichergestellt werden soll, um so das Funktionieren des Binnenmarkts zu verbessern.

(2) Zu diesem Zweck wird in dieser Richtlinie Folgendes festgelegt:

a)   die Pflicht für alle Mitgliedstaaten, nationale Cybersicherheitsstrategien zu verabschieden sowie zuständige nationale Behörden, Behörden für das Cyberkrisenmanagement, zentrale Anlaufstellen für Cybersicherheit (zentrale Anlaufstellen) und Computer-Notfallteams (CSIRT) zu benennen oder einzurichten;

b)   Pflichten in Bezug auf das Cybersicherheitsrisikomanagement sowie Berichtspflichten für Einrichtungen der in den Anhang I oder II aufgeführten Arten sowie für Einrichtungen, die nach Richtlinie (EU) 2022/2557 als kritische Einrichtungen eingestuft wurden;

c)   Vorschriften und Pflichten zum Austausch von Cybersicherheitsinformationen;

d)   Aufsichts- und Durchsetzungspflichten für die Mitgliedstaaten.

Artikel 2 Anwendungsbereich

(1)   Diese Richtlinie gilt für öffentliche oder private Einrichtungen der in den Anhang I oder II genannten Art, die nach Artikel 2 des Anhangs der Empfehlung 2003/361/EG als mittlere Unternehmen gelten oder die Schwellenwerte für mittlere Unternehmen nach Absatz 1 jenes Artikels überschreiten und ihre Dienste in der Union erbringen oder ihre Tätigkeiten dort ausüben.

Artikel 3 Absatz 4 des Anhangs dieser Empfehlung gilt nicht für die Zwecke dieser Richtlinie.

(2)   Unabhängig von der Größe der Einrichtungen gilt diese Richtlinie auch für Einrichtungen der in den Anhang I oder II genannten Art, wenn

a)   die Dienste erbracht werden von:

i)   Anbietern von öffentlichen elektronischen Kommunikationsnetzen oder von öffentlich zugänglichen elektronischen Kommunikationsdiensten;

ii)   Vertrauensdiensteanbietern;

iii)   Namenregistern der Domäne oberster Stufe und Domänennamensystem-Diensteanbietern;

b)   es sich bei der Einrichtung in einem Mitgliedstaat um den einzigen Anbieter eines Dienstes handelt, der für die Aufrechterhaltung kritischer gesellschaftlicher oder wirtschaftlicher Tätigkeiten unerlässlich ist;

c)   sich eine Störung des von der Einrichtung erbrachten Dienstes wesentlich auf die öffentliche Ordnung, die öffentliche Sicherheit oder die öffentliche Gesundheit auswirken könnte;

d)   eine Störung des von der Einrichtung erbrachten Dienstes zu einem wesentlichen Systemrisiko führen könnte, insbesondere in Sektoren, in denen eine solche Störung grenzübergreifende Auswirkungen haben könnte;

e)   die Einrichtung aufgrund der besonderen Bedeutung, die sie auf nationaler oder regionaler Ebene für den betreffenden Sektor oder die betreffende Art des Dienstes oder für andere voneinander abhängige Sektoren in dem Mitgliedstaat hat, kritisch ist;

f)   die Einrichtung eine Einrichtung der öffentlichen Verwaltung:

i)   von einem Mitgliedstaat gemäß nationalem Recht definierte Einrichtung der öffentlichen Verwaltung der Zentralregierung ist oder

ii)   von einem Mitgliedstaat gemäß nationalem Recht definierte Einrichtung der öffentlichen Verwaltung auf regionaler Ebene ist, die nach einer risikobasierten Bewertung Dienste erbringt, deren Störung erhebliche Auswirkungen auf kritische gesellschaftliche oder wirtschaftliche Tätigkeiten haben könnte.

(3)   Unabhängig von der Größe der Einrichtungen gilt diese Richtlinie auch für Einrichtungen, die nach Richtlinie (EU) 2022/2557 als kritische Einrichtungen eingestuft wurden.

(4)   Unabhängig von der Größe der Einrichtungen gilt diese Richtlinie auch für Einrichtungen, die Domänennamenregistrierungsdienste erbringen.

(5)   Die Mitgliedstaaten können vorsehen, dass diese Richtlinie Anwendung findet auf:

>   a)   Einrichtungen der öffentlichen Verwaltung auf lokaler Ebene;

>   b)   Bildungseinrichtungen, insbesondere wenn sie kritische Forschungstätigkeiten durchführen.

(6)   Diese Richtlinie lässt die Zuständigkeit der Mitgliedstaaten in Bezug auf die Aufrechterhaltung der nationalen Sicherheit und ihre Befugnis, andere wesentliche staatliche Funktionen zu schützen, einschließlich der Wahrung der territorialen Unversehrtheit des Staates und der Aufrechterhaltung der öffentlichen Ordnung, unberührt.

(7)   Diese Richtlinie gilt nicht für Einrichtungen der öffentlichen Verwaltung, die ihre Tätigkeiten in den Bereichen nationale Sicherheit, öffentliche Sicherheit, Verteidigung oder Strafverfolgung ausüben, einschließlich der Verhütung, Ermittlung, Aufdeckung und Verfolgung von Straftaten.

(8)   Zu diesem Zweck können die Mitgliedstaaten bestimmte Einrichtungen, die in den Bereichen nationale Sicherheit, öffentliche Sicherheit, Verteidigung oder Strafverfolgung tätig sind, einschließlich der Verhütung, Ermittlung, Aufdeckung und Verfolgung von Straftaten, oder die Dienste ausschließlich für die in Absatz 7 dieses Artikels genannten Einrichtungen der öffentlichen Verwaltung erbringen, von den in Artikel 21 oder 23 festgelegten Verpflichtungen in Bezug auf diese Tätigkeiten oder Dienste ausnehmen. In solchen Fällen gelten die in Kapitel VII genannten Aufsichts- und Durchsetzungsmaßnahmen nicht für diese spezifischen Tätigkeiten oder Dienste. Wenn die Einrichtungen ausschließlich Tätigkeiten der in diesem Absatz genannten

Art ausüben oder entsprechende Dienste erbringen, können die Mitgliedstaaten auch beschließen, diese Einrichtungen von den in den Artikeln 3 und 27 festgelegten Verpflichtungen auszunehmen.

(9)   Die Absätze 7 und 8 finden keine Anwendung, wenn eine Einrichtung als Vertrauensdiensteanbieter auftritt.

(10)   Diese Richtlinie gilt nicht für Einrichtungen, die die Mitgliedstaaten gemäß Artikel 2 Absatz 4 der Verordnung (EU) 2022/2554 vom Anwendungsbereich der genannten Verordnung ausgenommen haben.

(11)   Die in dieser Richtlinie festgelegten Verpflichtungen umfassen nicht die Bereitstellung von Informationen, deren Offenlegung wesentlichen Interessen der Mitgliedstaaten im Bereich der nationalen Sicherheit, der öffentlichen Sicherheit oder der Verteidigung zuwiderlaufen würde.

(12)   Diese Richtlinie gilt unbeschadet der Verordnung (EU) 2016/679, der Richtlinie 2002/58/EG, der Richtlinien 2011/93/EU und 2013/40/EU des Europäischen Parlaments und des Rates sowie der Richtlinie (EU) 2022/2557.

(13)   Unbeschadet des Artikels 346 AEUV werden Informationen, die gemäß den Vorschriften der Union oder der Mitgliedstaaten, wie z. B. Vorschriften über das Geschäftsgeheimnis, vertraulich sind, mit der Kommission und anderen zuständigen Behörden im Einklang mit dieser Richtlinie nur ausgetauscht, wenn dieser Austausch für die Anwendung dieser Richtlinie erforderlich ist. Die auszutauschenden Informationen werden auf den zum Zweck dieses Informationsaustauschs relevanten und angemessenen Umfang beschränkt. Beim Informationsaustausch werden die Vertraulichkeit der Informationen gewahrt sowie die Sicherheit und die geschäftlichen Interessen der betreffenden kritischen Einrichtungen geschützt.

(14)   Einrichtungen, die zuständige Behörden, die zentrale Anlaufstellen und die CSIRTs verarbeiten personenbezogene Daten, soweit dies für die Zwecke dieser Richtlinie erforderlich ist und im Einklang mit der Verordnung (EU)

2016/679, insbesondere auf der Grundlage von Artikel 6 der genannten Verordnung.

Die Verarbeitung personenbezogener Daten gemäß dieser Richtlinie durch Anbieter öffentlicher elektronischer Kommunikationsnetze oder Betreiber öffentlich zugänglicher elektronischer Kommunikationsdienste erfolgt im Einklang mit dem Datenschutzrecht der Union und dem Unionsrecht zum Schutz der Privatsphäre, insbesondere der Richtlinie 2002/58/EG.

Artikel 3 Wesentliche und wichtige Einrichtungen

(1)   Für die Zwecke dieser Richtlinie gelten als wesentliche Einrichtungen:

a)   Einrichtungen der in Anhang I aufgeführten Art, die die in Artikel 2 Absatz 1 des Anhangs der Empfehlung 2003/361/EG genannten Schwellenwerte für mittlere Unternehmen überschreiten;

b)   qualifizierte Vertrauensdiensteanbieter und Domänennamenregister der Domäne oberster Stufe sowie DNS-Diensteanbieter, unabhängig von ihrer Größe;

c)   Anbieter öffentlicher elektronischer Kommunikationsnetze oder öffentlich zugänglicher elektronischer Kommunikationsdienste, die nach Artikel 2 des Anhangs der Empfehlung 2003/361/EG genannten als mittlere Unternehmen gelten;

d)   Einrichtungen der öffentlichen Verwaltung nach Artikel 2 Absatz 2 Buchstabe f Ziffer i;

e)   sonstige Einrichtungen der in Anhang I oder II aufgeführten Art, die von einem Mitgliedstaat gemäß Artikel 2 Absatz 2 Buchstaben b bis e als wesentliche Einrichtungen eingestuft werden;

f)   Einrichtungen, die gemäß der Richtlinie (EU) 2022/2557 als kritische Einrichtungen eingestuft wurden und die in Artikel 2 Absatz 3 der vorliegenden Richtlinie genannt werden;

g) sofern der Mitgliedstaat dies vorsieht, Einrichtungen, die von den Mitgliedstaaten vor dem 16. Januar 2023 gemäß der Richtlinie (EU) 2016/1148 oder nach nationalem Recht als Betreiber wesentlicher Dienste eingestuft wurden.

(2) Für die Zwecke dieser Richtlinie gelten Einrichtungen der in Anhang I oder II aufgeführten Art, die nicht als wesentliche Einrichtungen im Sinne von Absatz 1 des vorliegenden Artikels gelten, als wichtige Einrichtungen. Dies schließt Einrichtungen ein, die von den Mitgliedstaaten gemäß Artikel 2 Absatz 2 Buchstaben b bis e als wichtige Einrichtungen eingestuft wurden.

(3) Bis zum 17. April 2025 erstellen die Mitgliedstaaten eine Liste von wesentlichen und wichtigen Einrichtungen und von Einrichtungen, die Domänennamen-Registrierungsdienste erbringen. Die Mitgliedstaaten überprüfen diese Liste danach regelmäßig, mindestens jedoch alle zwei Jahre, und aktualisieren sie gegebenenfalls.

(4) Für die Zwecke der Erstellung der in Absatz 3 genannten Liste schreiben die Mitgliedstaaten vor, dass die jenem Absatz genannten Einrichtungen den zuständigen Behörden mindestens die folgenden Informationen übermitteln:

a) den Namen der Einrichtung,

b) die Anschrift und aktuellen Kontaktdaten, einschließlich der E-Mail-Adressen, IP-Adressbereiche und Telefonnummern,

c) gegebenenfalls den relevanten Sektor und Teilsektor gemäß Anhang I oder II sowie

d) gegebenenfalls eine Liste der Mitgliedstaaten, in denen sie Dienste erbringen, die in den Anwendungsbereich dieser Richtlinie fallen.

Die in Absatz 3 genannten Einrichtungen teilen alle Änderungen der gemäß Unterabsatz 1 des vorliegenden Absatzes übermittelten Angaben unverzüglich mit, in jedem Fall jedoch innerhalb von zwei Wochen ab dem Zeitpunkt der Änderung.

Die Kommission stellt mit Unterstützung der Agentur der Europäischen Union für Cybersicherheit (ENISA) unverzüglich Leitlinien und Vorlagen für die in diesem Absatz festgelegten Verpflichtungen bereit.

Die Mitgliedstaaten können nationale Mechanismen für die Registrierung von Einrichtungen einrichten.

(5)	Bis zum 17. April 2025 und danach alle zwei Jahre teilen die zuständigen Behörden Folgendes mit:

a)	der Kommission und der Kooperationsgruppe für jeden Sektor und Teilsektor gemäß Anhang I oder II die Anzahl der wesentlichen und wichtigen Einrichtungen, die gemäß Absatz 3 auf die Liste aufgenommen wurden, und

b)	der Kommission sachdienliche Informationen über die Zahl der wesentlichen und wichtigen Einrichtungen, die gemäß Artikel 2 Absatz 2 Buchstaben b bis e ermittelt wurden, über den Sektor und den Teilsektor gemäß Anhang I oder II, zu dem sie gehören, über die Art der von ihnen erbrachten Dienste und über die Bestimmung unter denen in Artikel 2 Absatz 2 Buchstaben b bis e festgelegten Bestimmungen, auf deren Grundlage sie ermittelt wurden.

(6)	Bis zum 17. April 2025 können die Mitgliedstaaten der Kommission auf Ersuchen der Kommission die Namen der wesentlichen und wichtigen Einrichtungen gemäß Absatz 5 Buchstabe b mitteilen.

Artikel 4 Sektorspezifische Rechtsakte der Union

(1)	Wenn wesentliche oder wichtige Einrichtungen gemäß sektorspezifischen Rechtsakten der Union entweder Maßnahmen zum Cybersicherheitsrisikomanagement ergreifen oder erhebliche Sicherheitsvorfälle melden müssen und wenn die entsprechenden Anforderungen in ihrer Wirkung den in dieser Richtlinie festgelegten Verpflichtungen zumindest gleichwertig sind, finden die einschlägigen Bestimmungen dieser Richtlinie, einschließlich der Bestimmungen über Aufsicht und Durchsetzung in Kapitel VII, keine Anwendung auf solche Einrichtungen. Wenn die sektorspezifischen Rechtsakte der Union nicht für alle in den Anwendungsbereich dieser Richtlinie fallenden Einrichtungen eines bestimmten Sektors gelten, kommen die einschlägigen Bestimmungen dieser Richtlinie weiterhin für Einrichtungen zur Anwendung, die nicht unter diese sektorspezifischen Rechtsakte der Union fallen.

(2)   Die in Absatz 1 dieses Artikels genannten Anforderungen gelten den in dieser Richtlinie festgelegten Verpflichtungen in ihrer Wirkung als gleichwertig, wenn

    a)   die Maßnahmen zum Cybersicherheitsrisikomanagement den in Artikel 21 Absätze 1 und 2 festgelegten Maßnahmen in ihrer Wirkung mindestens gleichwertig sind, oder

    b)   der sektorspezifische Rechtsakt der Union einen unmittelbaren — gegebenenfalls automatischen und direkten — Zugang zu den Meldungen von Sicherheitsvorfällen durch die CSIRTs, die zuständigen Behörden oder die zentralen Anlaufstellen gemäß dieser Richtlinie vorsieht und wenn die Anforderungen an die Meldung erheblicher Sicherheitsvorfälle in ihrer Wirkung mindestens den in Artikel 23 Absätze 1 bis 6 festgelegten gleichwertig sind.

(3)   Die Kommission wird bis zum 17. Juli 2023 Leitlinien zur Klarstellung der Anwendung der Absätze 1 und 2 bereitstellen. Die Kommission überprüft diese Leitlinien regelmäßig. Bei der Ausarbeitung der Leitlinien berücksichtigt die Kommission alle Stellungnahmen der Kooperationsgruppe und der ENISA.

Artikel 5 Mindestharmonisierung

Diese Richtlinie hindert die Mitgliedstaaten nicht daran, Bestimmungen zu erlassen oder beizubehalten, die ein höheres Cybersicherheitsniveau gewährleisten, sofern diese Bestimmungen mit den Pflichten der Mitgliedstaaten nach dem Unionsrecht im Einklang stehen.

Artikel 6 Begriffsbestimmungen

Für die Zwecke dieser Richtlinie bezeichnet der Ausdruck

1.   „Netz- und Informationssystem"

a)   ein elektronisches Kommunikationsnetz im Sinne des Artikels 2 Nummer 1 der Richtlinie (EU) 2018/1972,

b)   ein Gerät oder eine Gruppe miteinander verbundener oder zusammenhängender Geräte, die einzeln oder zu mehreren auf der Grundlage eines Programms die automatische Verarbeitung digitaler Daten durchführen, oder

c)   digitale Daten, die von den — in den Buchstaben a und b genannten — Elementen zum Zwecke ihres Betriebs, ihrer Nutzung, ihres Schutzes und ihrer Pflege gespeichert, verarbeitet, abgerufen oder übertragen werden;

2.   „Sicherheit von Netz- und Informationssystemen" die Fähigkeit von Netz- und Informationssystemen, auf einem bestimmten Vertrauensniveau alle Ereignisse abzuwehren, die die Verfügbarkeit, Authentizität, Integrität oder Vertraulichkeit gespeicherter oder übermittelter oder verarbeiteter Daten oder der Dienste, die über diese Netz- und Informationssysteme angeboten werden bzw. zugänglich sind, beeinträchtigen können;

3.   „Cybersicherheit" die Cybersicherheit im Sinne des Artikels 2 Nummer 1 der Verordnung (EU) 2019/881;

4.   „nationale Cybersicherheitsstrategie" einen kohärenten Rahmen eines Mitgliedstaats mit strategischen Zielen und Prioritäten im Bereich der Cybersicherheit und der zu ihrer Verwirklichung erforderlichen Governance in diesem Mitgliedstaat;

5.   „Beinahe-Vorfall" ein Ereignis, das die Verfügbarkeit, Authentizität, Integrität oder Vertraulichkeit gespeicherter, übermittelter oder verarbeiteter Daten oder der Dienste, die über Netz- und Informationssysteme angeboten werden bzw. zugänglich sind, beeinträchtigt haben könnte, dessen Eintritt jedoch erfolgreich verhindert wurde bzw. das nicht eingetreten ist;

6.   „Sicherheitsvorfall" ein Ereignis, das die Verfügbarkeit, Authentizität, Integrität oder Vertraulichkeit gespeicherter, übermittelter oder verarbeiteter Daten oder der Dienste, die über Netz- und Informationssysteme angeboten werden bzw. zugänglich sind, beeinträchtigt;

7.   „Cybersicherheitsvorfall großen Ausmaßes" einen Sicherheitsvorfall, der eine Störung verursacht, deren Ausmaß die Reaktionsfähigkeit eines Mitgliedstaats übersteigt, oder der beträchtliche Auswirkungen auf mindestens zwei Mitgliedstaaten hat;

8.   „Bewältigung von Sicherheitsvorfällen" alle Maßnahmen und Verfahren zur Verhütung, Erkennung, Analyse und Eindämmung von Sicherheitsvorfällen oder die Reaktion darauf und die Erholung davon;

9.   „Risiko" das Potenzial für Verluste oder Störungen, die durch einen Sicherheitsvorfall verursacht werden, das als eine Kombination des Ausmaßes eines solchen Verlusts oder einer solchen Störung und der Wahrscheinlichkeit des Eintretens des Sicherheitsvorfalls zum Ausdruck gebracht wird;

10.   „Cyberbedrohung" eine Cyberbedrohung im Sinne des Artikel 2 Nummer 8 der Verordnung (EU) 2019/881;

11.   „erhebliche Cyberbedrohung" eine Cyberbedrohung, die das Potenzial besitzt, die Netz- und Informationssysteme einer Einrichtung oder der Nutzer solcher Systeme aufgrund ihrer tech-

nischen Merkmale erheblich zu beeinträchtigen, indem sie erheblichen materiellen oder immateriellen Schaden verursacht;

12. „IKT-Produkt" ein IKT-Produkt im Sinne des Artikels 2 Nummer 12 der Verordnung (EU) 2019/881;

13. „IKT-Dienst" bezeichnet einen IKT-Dienst im Sinne des Artikels 2 Nummer 13 der Verordnung (EU) 2019/881;

14. „IKT-Prozess" einen IKT-Prozess im Sinne des Artikels 2 Nummer 14 der Verordnung (EU) 2019/881;

15. „Schwachstelle" eine Schwäche, Anfälligkeit oder Fehlfunktion von IKT-Produkten oder IKT-Diensten, die bei einer Cyberbedrohung ausgenutzt werden kann;

16. „Norm" eine Norm im Sinne des Artikels 2 Nummer 1 der Verordnung (EU) Nr. 1025/2012 des Europäischen Parlaments und des Rates;

17. „technische Spezifikation" eine technische Spezifikation im Sinne des Artikels 2 Nummer 4 der Verordnung (EU) Nr. 1025/2012;

18. „Internet-Knoten" eine Netzeinrichtung, die die Zusammenschaltung von mehr als zwei unabhängigen Netzen (autonomen Systemen) ermöglicht, in erster Linie zur Erleichterung des Austauschs von Internet-Datenverkehr, der nur der Zusammenschaltung autonomer Systeme dient und weder voraussetzt, dass der Internet-Datenverkehr zwischen zwei beliebigen teilnehmenden autonomen Systemen über ein drittes autonomes System läuft; noch den betreffenden Datenverkehr verändert oder anderweitig beeinträchtigt;

19. „Domänennamensystem" oder „DNS" ein verteiltes hierarchisches Verzeichnissystem, das die Identifizierung von Diensten und Ressourcen im Internet ermöglicht und es Endnutzergeräten

erlaubt, Internet-Routing- und Konnektivitätsdienste zu nutzen, um diese Dienste und Ressourcen zu erreichen;

20.   „DNS-Diensteanbieter" eine Einrichtung, die

    a)   für Internet-Endnutzer öffentlich verfügbare rekursive Dienste zur Auflösung von Domänennamen anbietet oder

    b)   autoritative Dienste zur Auflösung von Domänennamen zur Nutzung durch Dritte, mit Ausnahme von Root-Namenservern, anbietet;

21.   „Namenregister der Domäne oberster Stufe" oder „TLD-Namenregister" eine Einrichtung, der eine bestimmte Domäne oberster Stufe (Top Level Domain — TLD) übertragen wurde und die für die Verwaltung der TLD, einschließlich der Registrierung von Domänennamen unterhalb der TLD, sowie für den technischen Betrieb der TLD, einschließlich des Betriebs ihrer Namenserver, der Pflege ihrer Datenbanken und der Verteilung von TLD-Zonendateien über die Namenserver, zuständig ist, unabhängig davon, ob der Betrieb durch die Einrichtung selbst erfolgt oder ausgelagert wird, jedoch mit Ausnahme von Situationen, in denen TLD-Namen von einem Register nur für seine eigenen Zwecke verwendet werden;

22.   „Einrichtung, die Domänennamen-Registrierungsdienste erbringt" ein Registrar oder eine Stelle, die im Namen von Registraren tätig ist, wie etwa ein Anbieter oder Wiederverkäufer von Datenschutz- oder Proxy-Registrierungsdiensten;

23.   „digitaler Dienst" einen Dienst im Sinne des Artikels 1 Absatz 1 Buchstabe b der Richtlinie (EU) 2015/1535 des Europäischen Parlaments und des Rates;

24.   „Vertrauensdienst" einen Vertrauensdienst im Sinne des Artikels 3 Nummer 16 der Verordnung (EU) Nr. 910/2014;

25.   „Vertrauensdiensteanbieter" einen Vertrauensdiensteanbieter im Sinne des Artikels 3 Nummer 19 der Verordnung (EU) Nr. 910/2014;

26.   „qualifizierter Vertrauensdienst" einen qualifizierten Vertrauensdienst im Sinne des Artikels 3 Nummer 17 der Verordnung (EU) Nr. 910/2014;

27.   „qualifizierter Vertrauensdiensteanbieter" einen qualifizierten Vertrauensdiensteanbieter im Sinne des Artikels 3 Nummer 20 der Verordnung (EU) Nr. 910/2014;

28.   „Online-Marktplatz" einen digitalen Dienst im Sinne des Artikels 2 Buchstabe n der Richtlinie 2005/29/EG des Europäischen Parlaments und des Rates;

29.   „Online-Suchmaschine" eine Online-Suchmaschine im Sinne des Artikels 2 Nummer 5 der Verordnung (EU) 2019/1150 des Europäischen Parlaments und des Rates;

30.   „Cloud-Computing-Dienst" einen digitalen Dienst, der auf Abruf die Verwaltung und den umfassenden Fernzugang zu einem skalierbaren und elastischen Pool gemeinsam nutzbarer Rechenressourcen ermöglicht, auch wenn diese Ressourcen auf mehrere Standorte verteilt sind;

31.   „Rechenzentrumsdienst" einen Dienst, mit dem spezielle Strukturen oder Gruppen von Strukturen für die zentrale Unterbringung, die Verbindung und den Betrieb von IT- und Netzausrüstungen zur Erbringung von Datenspeicher-, Datenverarbeitungs- und Datentransportdiensten sowie alle Anlagen und Infrastrukturen für die Leistungsverteilung und die Umgebungskontrolle bereitgestellt werden;

32.   „Inhaltszustellnetz" bezeichnet ein Netz dezentraler Server zur Gewährleistung einer hohen Verfügbarkeit, Zugänglichkeit oder schnellen Zustellung digitaler Inhalte und Dienste für Inter-

netnutzer im Auftrag von Inhalte- und Diensteanbietern;

33.   „Plattform für Dienste sozialer Netzwerke" eine Plattform, auf der Endnutzer mit unterschiedlichen Geräten insbesondere durch Chats, Posts, Videos und Empfehlungen miteinander in Kontakt treten und kommunizieren sowie Inhalte teilen und entdecken können;

34.   „Vertreter" eine in der Union niedergelassene natürliche oder juristische Person, die ausdrücklich benannt wurde, um im Auftrag eines DNS-Diensteanbieters, einer Einrichtung, die Domänennamen-Registrierungsdienste erbringt, eines TLD-Namenregisters, eines Anbieters von Cloud-Computing-Diensten, eines Anbieters von Rechenzentrumsdiensten, eines Betreibers von Inhaltszustellnetzen, eines Anbieters verwalteter Dienste, eines Anbieters verwalteter Sicherheitsdienste oder eines Anbieters von einem Online-Marktplatz, von einer Online-Suchmaschine oder von einer Plattform für Dienste sozialer Netzwerke, der bzw. die nicht in der Union niedergelassen ist, zu handeln, und an die sich eine nationale zuständige Behörde oder ein CSIRT — statt an die Einrichtung — hinsichtlich der Pflichten dieser Einrichtung gemäß dieser Richtlinie wenden kann;

35.   „Einrichtung der öffentlichen Verwaltung" eine als solche in einem Mitgliedstaat nach nationalem Recht anerkannte Einrichtung, ausgenommen Justiz, Parlamente und Zentralbanken, die die folgenden Kriterien erfüllt:

> a)   sie wurde zu dem Zweck gegründet, im allgemeinen Interesse liegende Aufgaben zu erfüllen, und hat keinen gewerblichen oder kommerziellen Charakter,

> b)   sie besitzt Rechtspersönlichkeit oder ist gesetzlich dazu befugt, im Namen

einer anderen Einrichtung mit eigener Rechtspersönlichkeit zu handeln,

c)   sie wird überwiegend vom Staat, Gebietskörperschaften oder von anderen Körperschaften des öffentlichen Rechts finanziert, untersteht hinsichtlich ihrer Leitung der Aufsicht dieser Körperschaften oder verfügt über ein Verwaltungs-, Leitungs- bzw. Aufsichtsorgan, das mehrheitlich aus Mitgliedern besteht, die vom Staat, von Gebietskörperschaften oder von anderen Körperschaften des öffentlichen Rechts eingesetzt worden sind,

d)   sie ist befugt, an natürliche oder juristische Personen Verwaltungs- oder Regulierungsentscheidungen zu richten, die deren Rechte im grenzüberschreitenden Personen-, Waren-, Dienstleistungs- oder Kapitalverkehr berühren;

36.   „öffentliches elektronisches Kommunikationsnetz" ein öffentliches elektronisches Kommunikationsnetz im Sinne von Artikel 2 Nummer 8 der Richtlinie (EU) 2018/1972;

37.   „elektronischer Kommunikationsdienst" einen elektronischen Kommunikationsdienst im Sinne des Artikels 2 Nummer 4 der Richtlinie (EU) 2018/1972;

38.   „Einrichtung" eine natürliche Person oder nach dem an ihrem Sitz geltenden nationalen Recht geschaffene und anerkannte juristische Person, die in eigenem Namen Rechte ausüben und Pflichten unterliegen kann;

39.   „Anbieter verwalteter Dienste" eine Einrichtung, die Dienste im Zusammenhang mit der Installation, der Verwaltung, dem Betrieb oder der Wartung von IKT-Produkten, Netzen, Infrastruktur, Anwendungen oder jeglicher anderer Netz- und Informationssysteme durch Unterstützung oder aktive Verwaltung erbringt, die entweder in

den Räumlichkeiten der Kunden oder aus der Ferne erbringt;

40.   „Anbieter verwalteter Sicherheitsdienste" einen Anbieter verwalteter Dienste, der Unterstützung für Tätigkeiten im Zusammenhang mit dem Risikomanagement im Bereich der Cybersicherheit durchführt oder erbringt;

41.   „Forschungseinrichtung" eine Einrichtung, deren primäres Ziel es ist, angewandte Forschung oder experimentelle Entwicklung im Hinblick auf die Nutzung der Ergebnisse dieser Forschung für kommerzielle Zwecke durchzuführen, die jedoch Bildungseinrichtungen nicht einschließt.

KAPITEL II KOORDINIERTE RAHMEN FÜR DIE CYBERSICHERHEIT

Artikel 7 Nationale Cybersicherheitsstrategie

(1)   Jeder Mitgliedstaat erlässt eine nationale Cybersicherheitsstrategie, die die strategischen Ziele, die zur Erreichung dieser Ziele erforderlichen Ressourcen sowie angemessene politische und regulatorische Maßnahmen zur Erreichung und Aufrechterhaltung eines hohen Cybersicherheitsniveaus enthält. Die nationale Cybersicherheitsstrategie muss Folgendes umfassen:

a)   Ziele und Prioritäten der Cybersicherheitsstrategie des Mitgliedstaats, die insbesondere die in den Anhängen I und II aufgeführten Sektoren abdecken;

b)   einen Steuerungsrahmen zur Verwirklichung der unter Buchstabe a dieses Absatzes genannten Ziele und Prioritäten, der die in Absatz 2 genannten Konzepte umfasst;

c)   einen Steuerungsrahmen, in dem die Aufgaben und Zuständigkeiten der jeweiligen Interessenträger auf nationaler Ebene klargestellt, die Zusammenarbeit und Koordinierung auf nationaler Ebene zwischen den nach dieser Richtlinie zuständigen Behörden, zentralen Anlaufstellen und CSIRTs sowie die Koordinierung und Zusammenarbeit zwischen diesen Stellen und nach sektorspezifischen Rechtsakten der Union zuständigen Behörden untermauert werden;

d)   einen Mechanismus zur Ermittlung von relevanten Anlagen und eine Bewertung der Cybersicherheitsrisiken in diesem Mitgliedstaat;

e)   die Bestimmung von Maßnahmen zur Gewährleistung der Vorsorge, Reaktionsfähigkeit und Wiederherstellung bei Sicherheitsvorfällen, einschließlich der Zusammenarbeit zwischen dem öffentlichen und dem privaten Sektor;

f)   eine Liste der verschiedenen Behörden und Interessenträger, die an der Umsetzung der nationalen Cybersicherheitsstrategie beteiligt sind;

g)   einen politischen Rahmen für eine verstärkte Koordinierung zwischen den nach dieser Richtlinie zuständigen Behörden und den nach der Richtlinie (EU) 2022/2557 zuständigen Behörden zum Zweck des Informationsaustauschs über Risiken, Bedrohungen und Sicherheitsvorfälle sowie über nicht cyberbezogene Risiken, Bedrohungen und Sicherheitsvorfälle und für die Wahrnehmung von Aufsichtsaufgaben, soweit zutreffend;

h)   einen Plan, einschließlich erforderlicher Maßnahmen, zur Steigerung des allgemeinen Grads der Sensibilisierung für Cybersicherheit bei den Bürgerinnen und Bürgern.

(2)   Im Rahmen der nationalen Cybersicherheitsstrategie nehmen die Mitgliedstaaten insbesondere Konzepte an

a)   für die Cybersicherheit in der Lieferkette für IKT-Produkte und IKT-Dienste, die von Einrichtungen für die Erbringung ihrer Dienste genutzt werden;

b)   für die Aufnahme und Spezifikation cyber-
sicherheitsbezogener Anforderungen an IKT-Produkte und IKT-Dienste bei der Vergabe öffentlicher Aufträge, einschließlich hinsichtlich der Zertifizierung der Cybersicherheit, der Verschlüsselung und der Nutzung quelloffener Cybersicher-
heitsprodukte;

c)   für das Vorgehen bei Schwachstellen, das
die Förderung und Erleichterung der koordinierten Offenlegung von Schwachstellen nach
Artikel 12 Absatz 1 umfasst;

d)   im Zusammenhang mit der Aufrechterhal-
tung der allgemeinen Verfügbarkeit, Integrität und
Vertraulichkeit des öffentlichen Kerns des offenen
Internets, erforderlichenfalls einschließlich der
Cybersicherheit von Unterseekommunikationska-
beln;

e)   zur Förderung der Entwicklung und Integration einschlägiger fortgeschrittener Technologien, damit Risikomanagementmaßnahmen im
Bereich der Cybersicherheit auf dem neuesten
Stand zur Anwendung gelangen;

f)   zur Förderung und Entwicklung der allgemeinen und beruflichen Bildung im Bereich der
Cybersicherheit, von Kompetenzen, Sensibilisie-
rungsmaßnahmen und Forschungs- und Entwick-
lungsinitiativen im Bereich der Cybersicherheit
sowie der Anleitung zu guten Vorgehensweisen
und Kontrollen im Bereich der Cyberhygiene für
Bürgerinnen und Bürger, Interessenträger und
Einrichtungen;

g)   zur Unterstützung von Hochschul- und
Forschungseinrichtungen bei der Entwicklung,
der Verbesserung des Einsatzes von Cybersicherheitsinstrumenten und sicherer Netzinfra-
struktur;

h)   mit einschlägigen Verfahren und geeigneten Instrumenten für den Informationsaustausch,
um den freiwilligen Austausch von Cybersicher-

heits-Informationen zwischen Einrichtungen im Einklang mit dem Unionsrecht zu unterstützen;

i) zur Stärkung des Grundniveaus für Cyberresilienz und Cyberhygiene kleiner und mittlerer Unternehmen, insbesondere vom Anwendungsbereich dieser Richtlinie ausgenommener KMU, durch Bereitstellung leicht zugänglicher Orientierungshilfen und Unterstützung für ihre spezifischen Bedürfnisse;

j) zur Förderung eines aktiven Cyberschutzes.

(3) Die Mitgliedstaaten notifizieren der Kommission ihre nationalen Cybersicherheitsstrategien innerhalb von drei Monaten nach ihrem Erlass. Die Mitgliedstaaten können auf ihre nationale Sicherheit bezogene Informationen von diesen Notifizierungen ausnehmen.

(4) Die Mitgliedstaaten bewerten ihre nationalen Cybersicherheitsstrategien regelmäßig, mindestens aber alle fünf Jahre auf der Grundlage wesentlicher Leistungsindikatoren und aktualisieren diese erforderlichenfalls. Die ENISA unterstützt die Mitgliedstaaten auf deren Wunsch bei der Entwicklung oder Aktualisierung einer nationalen Cybersicherheitsstrategie und wesentlicher Leistungsindikatoren für die Bewertung dieser Strategie, um sie mit den in dieser Richtlinie festgelegten Anforderungen und Verpflichtungen in Einklang zu bringen.

Artikel 8 Zuständige Behörden und zentrale Anlaufstellen

(1) Jeder Mitgliedstaat benennt eine oder mehrere für die Cybersicherheit und die in Kapitel VII genannten Aufsichtsaufgaben zuständige Behörden (zuständige Behörden) oder richtet sie ein.

(2) Die zuständigen Behörden gemäß Absatz 1 überwachen die Anwendung dieser Richtlinie auf nationaler Ebene.

(3) Jeder Mitgliedstaat benennt eine zentrale Anlaufstelle oder richtet sie ein. Benennt ein Mitgliedstaat nur eine

zuständige Behörde nach Absatz 1 oder richtet er nur eine solche zuständige Behörde ein, so ist diese zuständige Behörde auch die zentrale Anlaufstelle dieses Mitgliedstaats.

(4) Jede zentrale Anlaufstelle fungiert als Verbindungsstelle, um die grenzüberschreitende Zusammenarbeit der Behörden des Mitgliedstaats mit den entsprechenden Behörden anderer Mitgliedstaaten und gegebenenfalls mit der Kommission und der ENISA sowie die sektorübergreifende Zusammenarbeit mit anderen zuständigen Behörden innerhalb ihres Mitgliedstaats zu gewährleisten.

(5) Die Mitgliedstaaten gewährleisten, dass ihre zuständigen Behörden und zentralen Anlaufstellen mit angemessenen Ressourcen ausgestattet sind, damit sie die ihnen übertragenen Aufgaben wirksam und effizient wahrnehmen können und die Ziele dieser Richtlinie somit erreicht werden.

(6) Die Mitgliedstaaten notifizieren der Kommission unverzüglich die Identität der zuständigen Behörde gemäß Absatz 1 und der zentralen Anlaufstelle gemäß Absatz 3, die Aufgaben dieser Behörden sowie etwaige spätere Änderungen dieser Angaben. Jeder Mitgliedstaat veröffentlicht die Identität seiner zuständigen Behörde. Die Kommission erstellt eine öffentlich verfügbare Liste der zentralen Anlaufstellen.

Artikel 9 Nationale Rahmen für das Cyberkrisenmanagement

(1) Jeder Mitgliedstaat benennt eine oder mehrere für das Management von Cybersicherheitsvorfällen großen Ausmaßes und Krisen zuständige Behörden (Behörden für das Cyberkrisenmanagement) oder richtet sie ein. Die Mitgliedstaaten stellen sicher, dass diese Behörden über angemessene Ressourcen verfügen, um die ihnen übertragenen Aufgaben wirksam und effizient ausführen zu können. Sie gewährleisten die Kohärenz mit den geltenden Rahmen für das allgemeine nationale Krisenmanagement.

(2) Benennt ein Mitgliedstaat mehr als eine Behörde für das Cyberkrisenmanagement im Sinne von Absatz 1 oder richtet mehr als eine solche zuständige Behörde ein,

so gibt er eindeutig an, welche dieser zuständigen Behörden als Koordinator für das Management von Cybersicherheitsvorfällen großen Ausmaßes und Krisen fungiert.

(3)   Jeder Mitgliedstaat ermittelt die Kapazitäten, Mittel und Verfahren, die im Fall einer Krise für die Zwecke dieser Richtlinie eingesetzt werden können.

(4)   Jeder Mitgliedstaat verabschiedet einen nationalen Plan für die Reaktion auf Cybersicherheitsvorfälle großen Ausmaßes und Krisen, in dem die Ziele und Modalitäten für das Management von Cybersicherheitsvorfällen großen Ausmaßes und Krisen festgelegt sind. In diesem Plan wird insbesondere Folgendes festgelegt:

>   a)   die Ziele der nationalen Vorsorgenmaßnahmen und -tätigkeiten;

>   b)   die Aufgaben und Zuständigkeiten der Behörden für das Cyberkrisenmanagement;

>   c)   die Verfahren für das Cyberkrisenmanagement, einschließlich deren Integration in den nationalen Rahmen für das allgemeine Krisenmanagement, und die Kanäle für den Informationsaustausch;

>   d)   die nationalen Vorsorgemaßnahmen, einschließlich Übungen und Ausbildungsmaßnahmen;

>   e)   die einschlägigen öffentlichen und privaten Interessenträger und die betroffene Infrastruktur,

>   f)   die zwischen den einschlägigen nationalen Behörden und Stellen vereinbarten nationalen Verfahren und Regelungen, die gewährleisten sollen, dass sich der Mitgliedstaat wirksam am koordinierten Management von Cybersicherheitsvorfällen großen Ausmaßes und Krisen auf Unionsebene beteiligen und dieses unterstützen kann.

(5)   Spätestens drei Monate nach der Benennung oder Einrichtung der in Absatz 1 genannten Behörde für das Cyberkrisenmanagement meldet jeder Mitgliedstaat der Kommission die Identität seiner Behörde und eventueller späte-

rer Änderungen daran. Die Mitgliedstaaten übermitteln der Kommission und dem Europäischen Netzwerk der Verbindungsorganisationen für Cyberkrisen (EU-CyCLONe) einschlägige die Anforderungen nach Absatz 4 betreffende Informationen über ihre nationalen Pläne für die Reaktion auf Cybersicherheitsvorfälle großen Ausmaßes und Krisen innerhalb von drei Monaten nach dem Erlass dieser Pläne. Die Mitgliedstaaten können Informationen ausnehmen, wenn und soweit dies für ihre nationale Sicherheit erforderlich ist.

Artikel 10 Computer-Notfallteams (CSIRTs)

(1)　　Jeder Mitgliedstaat benennt ein oder mehrere CSIRTs oder richtet sie ein. Die CSIRTs können innerhalb einer zuständigen Behörde benannt oder eingerichtet werden. Die CSIRTs erfüllen die in Artikel 11 Absatz 1 festgelegten Anforderungen, decken mindestens die in den Anhängen I und II genannten Sektoren, Teilsektoren und Arten von Einrichtungen ab und sind für die Bewältigung von Sicherheitsvorfällen nach einem genau festgelegten Ablauf zuständig.

(2)　　Die Mitgliedstaaten gewährleisten, dass jedes CSIRT mit angemessenen Ressourcen ausgestattet ist, damit es seine in Artikel 11 Absatz 3 aufgeführten Aufgaben wirksam erfüllen kann.

(3)　　Die Mitgliedstaaten stellen sicher, dass jedes CSIRT über eine geeignete, sichere und belastbare Kommunikations- und Informationsinfrastruktur verfügt, über die es Informationen mit wesentlichen und wichtigen Einrichtungen und anderen einschlägigen Interessenträgern austauscht. Zu diesem Zweck stellen die Mitgliedstaaten sicher, dass jedes CSIRT zur Einführung sicherer Instrumente für den Informationsaustausch beiträgt.

(4)　　Die CSIRTs arbeiten mit sektorspezifischen oder sektorübergreifenden Gruppierungen wesentlicher und wichtiger Einrichtungen zusammen und tauschen mit diesen gemäß Artikel 29 gegebenenfalls einschlägige Informationen aus.

(5)   Die CSIRTs nehmen an gemäß Artikel 19 organisierten Peer Reviews teil.

(6)   Die Mitgliedstaaten stellen sicher, dass ihre CSIRTs in dem CSIRTs-Netzwerk wirksam, effizient und sicher zusammenarbeiten.

(7)   Die CSIRTs können Kooperationsbeziehungen mit nationalen Computer-Notfallteams von Drittländern aufnehmen. Als Teil solcher Kooperationsbeziehungen erleichtern die Mitgliedstaaten den wirksamen, effizienten und sicheren Informationsaustausch mit diesen nationalen Computer-Notfallteams von Drittländern, wobei sie einschlägige Protokolle für den Informationsaustausch, einschließlich des Traffic Light Protocol, verwendet. Die CSIRTs können mit nationalen Computer-Notfallteams von Drittländern einschlägige Informationen, einschließlich personenbezogener Daten im Einklang mit dem Datenschutzrecht der Union, austauschen.

(8)   Die CSIRTS können mit nationalen Computer-Notfallteams von Drittländern oder gleichwertigen Stellen von Drittländern kooperieren, insbesondere um Unterstützung im Bereich der Cybersicherheit zu leisten.

(9)   Jeder Mitgliedstaat notifiziert der Kommission unverzüglich die Identität des CSIRT gemäß Absatz 1 und des als Koordinator gemäß Absatz 12 Absatz 1 benannten CSIRT, ihre jeweiligen Aufgaben in Bezug auf wesentliche und wichtige Einrichtungen sowie etwaige spätere Änderungen dieser Angaben.

(10)   Die Mitgliedstaaten können die ENISA um Unterstützung bei der Einsetzung ihrer CSIRTs ersuchen.

Artikel 11 Anforderungen an die CSIRTs sowie technische Kapazitäten und Aufgaben der CSIRTs

(1)   Die CSIRTs müssen den folgenden Anforderungen genügen:

>   a)   Die CSIRTs sorgen für einen hohen Grad der Verfügbarkeit ihrer Kommunikationskanäle, indem sie punktuellen Ausfällen vorbeugen und mehrere Kanäle bereitstellen, damit sie jederzeit

erreichbar bleiben und selbst mit anderen Kontakt aufnehmen können; sie legen die Kommunikationskanäle genau fest und machen sie den CSIRT-Nutzern und Kooperationspartnern bekannt;

b)   die Räumlichkeiten der CSIRTs und die unterstützenden Informationssysteme werden an sicheren Standorten eingerichtet;

c)   die CSIRTs müssen über ein geeignetes System zur Verwaltung und Weiterleitung von Anfragen verfügen, insbesondere um wirksame und effiziente Übergaben zu erleichtern;

d)   die CSIRTs stellen die Vertraulichkeit und Vertrauenswürdigkeit ihrer Tätigkeiten sicher;

e)   die CSIRTs müssen personell so ausgestattet sein, dass sie eine ständige Bereitschaft ihrer Dienste gewährleisten können, und sie müssen sicherstellen, dass ihr Personal entsprechend geschult ist;

f)   die CSIRTs müssen über Redundanzsysteme und Ausweicharbeitsräume verfügen, um die Kontinuität ihrer Dienste sicherzustellen.

Die CSIRTs können sich an internationalen Kooperationsnetzen beteiligen.

(2)   Die Mitgliedstaaten gewährleisten, dass ihre CSIRTs gemeinsam über die notwendigen technischen Fähigkeiten verfügen, damit sie ihre in Absatz 3 aufgeführten Aufgaben erfüllen können. Die Mitgliedstaaten stellen sicher, dass ihre CSIRTs mit ausreichenden Ressourcen ausgestattet sind, um für angemessene Personalausstattungen zu sorgen, damit die CSIRTs ihre technischen Fähigkeiten entwickeln können.

(3)   Die CSIRTs haben folgende Aufgaben:

a)   Überwachung und Analyse von Cyberbedrohungen, Schwachstellen und Sicherheitsvorfällen auf nationaler Ebene und auf Anfrage Bereitstellung von Unterstützung für betreffende wesentliche und wichtige Einrichtungen hinsichtlich der Überwachung ihrer Netz- und Informationssysteme in Echtzeit oder nahezu in Echtzeit;

b) Ausgabe von Frühwarnungen und Alarmmeldungen sowie Bekanntmachung und Weitergabe von Informationen über Cyberbedrohungen, Schwachstellen und Sicherheitsvorfälle an die wesentlichen und wichtigen Einrichtungen sowie an die zuständigen Behörden und andere einschlägige Interessenträger, möglichst echtzeitnah;

c) Reaktion auf Sicherheitsvorfälle und gegebenenfalls Unterstützung der betreffenden wesentlichen und wichtigen Einrichtungen;

d) Erhebung und Analyse forensischer Daten sowie dynamische Analyse von Risiken und Sicherheitsvorfällen sowie Lagebeurteilung im Hinblick auf die Cybersicherheit;

e) auf Ersuchen einer wesentlichen oder wichtigen Einrichtung eine proaktive Überprüfung der Netz- und Informationssysteme der betreffenden Einrichtung auf Schwachstellen mit potenziell signifikanten Auswirkungen (Schwachstellenscan);

f) Beteiligung am CSIRTs-Netzwerk und — im Rahmen ihrer Kapazitäten und Kompetenzen — auf Gegenseitigkeit beruhende Unterstützung anderer Mitglieder des CSIRTs-Netzwerks auf deren Ersuchen.

g) gegebenenfalls die Wahrnehmung der Aufgabe eines Koordinators für die Zwecke einer koordinierten Offenlegung von Schwachstellen nach Artikel 12 Absatz 1;

h) Beitrag zum Einsatz sicherer Instrumente für den Informationsaustausch gemäß Artikel 10 Absatz 3.

CSIRTs können eine proaktive nicht intrusive Überprüfung öffentlich zugänglicher Netz- und Informationssysteme wesentlicher und wichtiger Einrichtungen durchführen. Eine solche Überprüfung wird durchgeführt, um anfällige oder unsicher konfigurierte Netz- und Informationssysteme zu ermitteln und die betreffenden Einrichtungen zu unterrichten. Eine solche Überprüfung darf keinerlei nachteilige Auswirkung auf das Funktionieren der Dienste der Einrichtung haben.

Bei der Durchführung der in Unterabsatz 1 genannten Aufgaben können die CSIRTs auf der Grundlage eines risikobasierten Ansatzes bestimmten Aufgaben Vorrang einräumen.

(4)   Die CSIRTs bauen Kooperationsbeziehungen mit einschlägigen Interessenträgern des Privatsektors auf, um die Ziele dieser Richtlinie erreichen zu können.

(5)   Zur Erleichterung der Zusammenarbeit nach Absatz 4 fördern die CSIRTs die Annahme und Anwendung gemeinsamer oder standardisierter Vorgehensweisen, Klassifizierungssysteme und Taxonomien für

> a)   Verfahren zur Bewältigung von Sicherheitsvorfällen,

> b)   das Krisenmanagement und

> c)   die koordinierte Offenlegung von Schwachstellen nach Artikel 12 Absatz 1.

Artikel 12 Koordinierte Offenlegung von Schwachstellen und eine europäische Schwachstellendatenbank

(1)   Jeder Mitgliedstaat benennt eines seiner CSIRTs als Koordinator für die Zwecke einer koordinierten Offenlegung von Schwachstellen. Das als Koordinator benannte CSIRT fungiert als vertrauenswürdiger Vermittler und erleichtert erforderlichenfalls die Interaktion zwischen der eine Schwachstelle meldenden natürlichen oder juristischen Person und dem Hersteller oder Anbieter der potenziell gefährdeten IKT-Produkte oder IKT-Dienste auf Ersuchen einer der beiden Seiten. Zu den Aufgaben des als Koordinator benannten CSIRT gehört insbesondere

> a)   betreffende Einrichtungen zu ermitteln und zu kontaktieren,

> b)   die natürlichen oder juristischen Personen, die eine Schwachstelle melden, zu unterstützen, und
>
> c)   Zeitpläne für die Offenlegung auszuhandeln und das Vorgehen bei Schwachstellen zu koordinieren, die mehrere Einrichtungen betreffen.

Die Mitgliedstaaten stellen sicher, dass natürliche oder juristische Personen dem als Koordinator benannten CSIRT eine Schwachstelle, auf Wunsch anonym, melden können. Das als Koordinator benannte CSIRT stellt sicher, dass in Bezug auf die gemeldete Schwachstelle sorgfältige Folgemaßnahmen durchgeführt werden, und sorgen für die Anonymität der die Schwachstelle meldenden natürlichen oder juristischen Person. Wenn die gemeldete Schwachstelle erhebliche Auswirkungen auf Einrichtungen in mehreren Mitgliedstaaten haben könnte, arbeitet das als Koordinator benannte CSIRT jedes betreffenden Mitgliedstaats gegebenenfalls mit den anderen als Koordinatoren benannten CSIRTs innerhalb des CSIRTs-Netzwerks zusammen.

(2)   Die ENISA entwickelt und pflegt nach Absprache mit der Kooperationsgruppe eine europäische Schwachstellendatenbank. Zu diesem Zweck führt die ENISA geeignete Informationssysteme, Konzepte und Verfahren ein, pflegt diese und trifft die erforderlichen technischen und organisatorischen Maßnahmen, um die Sicherheit und Integrität der europäischen Schwachstellendatenbank zu gewährleisten, damit insbesondere Einrichtungen, unabhängig davon, ob sie in den Anwendungsbereich dieser Richtlinie fallen, und deren Anbieter von Netz- und Informationssystemen auf freiwilliger Basis öffentlich bekannte Schwachstellen in IKT-Produkten oder -Diensten offenlegen und registrieren können. Allen Interessenträgern wird Zugang zu den Informationen über die Schwachstellen gewährt, die in der europäischen Schwachstellendatenbank enthalten sind. Diese Datenbank umfasst Folgendes:

> a)   Informationen zur Beschreibung der Schwachstelle,
>
> b)   die betroffenen IKT-Produkte oder IKT-Dienste und das Ausmaß der Schwachstelle im

Hinblick auf die Umstände, unter denen sie ausgenutzt werden kann,

c) die Verfügbarkeit entsprechender Patches und bei Nichtverfügbarkeit von Patches von den zuständigen Behörden oder den CSIRTs bereitgestellte Orientierungshilfen für die Nutzer gefährdeter IKT-Produkte und IKT-Dienste, wie die von offengelegten Schwachstellen ausgehenden Risiken gemindert werden können.

Artikel 13 Zusammenarbeit auf nationaler Ebene

(1) Handelt es sich bei den zuständigen Behörden, der zentralen Anlaufstelle und den CSIRTs eines Mitgliedstaats um getrennte Einrichtungen, so arbeiten sie bei der Erfüllung der in dieser Richtlinie festgelegten Pflichten zusammen.

(2) Die Mitgliedstaaten stellen sicher, dass Meldungen von erheblichen Sicherheitsvorfällen gemäß Artikel 23 und Sicherheitsvorfällen, Cyberbedrohungen und Beinahe-Vorfällen gemäß Artikel 30 ihren CSIRTs oder gegebenenfalls ihren zuständigen Behörden übermittelt werden.

(3) Die Mitgliedstaaten stellen sicher, dass ihre CSIRTs oder gegebenenfalls zuständigen Behörden ihre zentralen Anlaufstellen über gemäß dieser Richtlinie vorgenommene Meldungen von Sicherheitsvorfällen, Cyberbedrohungen und Beinahe-Vorfällen unterrichten.

(4) Damit die Aufgaben und Pflichten der zuständigen Behörden, zentralen Anlaufstellen und CSIRTs wirksam erfüllt werden, sorgen die Mitgliedstaaten so weit wie möglich für eine angemessene Zusammenarbeit zwischen diesen Stellen und den Strafverfolgungsbehörden, den Datenschutzbehörden, den nationalen Behörden gemäß den Verordnungen (EG) Nr. 300/2008 und (EU) 2018/1139, den Aufsichtsstellen gemäß der Verordnung (EU) Nr. 910/2014, den gemäß der Verordnung (EU) 2022/2554 zuständigen Behörden, den nationalen Regulierungsbehörden gemäß der Richtlinie (EU) 2018/1972, den gemäß der Richtlinie (EU) 2022/2557 zuständigen Behörden sowie im Rahmen

anderer sektorspezifischer Rechtsakte der Union innerhalb des jeweiligen Mitgliedstaats zuständiger Behörden.

(5)   Die Mitgliedstaaten stellen sicher, dass ihre im Rahmen dieser Richtlinie zuständigen Behörden und ihre nach der Richtlinie (EU) 2022/2557 zuständigen Behörden regelmäßig hinsichtlich der Identifizierung kritischer Einrichtungen zu Risiken, Cyberbedrohungen und Sicherheitsvorfällen sowie zu nicht cyberbezogenen Risiken, Bedrohungen und Sicherheitsvorfällen, die als kritische Einrichtungen im Sinne der Richtlinie (EU) 2022/2557 ermittelte wesentliche Einrichtungen betreffen, und zu den als Reaktion auf diese Risiken, Bedrohungen und Sicherheitsvorfälle ergriffenen Maßnahmen zusammenarbeiten und darüber Informationen austauschen. Die Mitgliedstaaten stellen ferner sicher, dass ihre im Rahmen dieser Richtlinie zuständigen Behörden und ihre nach der Verordnung (EU) Nr. 910/2014, der Verordnung (EU) 2022/2554 und der Richtlinie (EU) 2018/1972 zuständigen Behörden regelmäßig einschlägige Informationen austauschen, auch in Bezug auf einschlägige Sicherheitsvorfälle und Cyberbedrohungen.

(6)   Die Mitgliedstaaten vereinfachen die Berichterstattung über die in den Artikeln 23 und 30 genannten technischen Mittel für Notifizierungen.

KAPITEL III ZUSAMMENARBEIT AUF UNIONS- UND INTERNATIONALER EBENE

Artikel 14 Kooperationsgruppe

(1)   Zur Unterstützung und Erleichterung der strategischen Zusammenarbeit und des Informationsaustauschs zwischen den Mitgliedstaaten und zur Stärkung des Vertrauens wird eine Kooperationsgruppe eingesetzt.

(2)   Die Kooperationsgruppe nimmt ihre Aufgaben auf der Grundlage von zweijährlichen Arbeitsprogrammen gemäß Absatz 7 wahr.

(3)   Die Kooperationsgruppe setzt sich aus Vertretern der Mitgliedstaaten, der Kommission und der ENISA zusammen. Der Europäische Auswärtige Dienst nimmt an den

Tätigkeiten der Kooperationsgruppe als Beobachter teil. Die Europäischen Aufsichtsbehörden (ESAs) und die nach der Verordnung (EU) 2022/2554 zuständigen Behörden können sich gemäß Artikel 47 Absatz 1 jener Verordnung an den Tätigkeiten der Kooperationsgruppe beteiligen.

Gegebenenfalls kann die Kooperationsgruppe das Europäische Parlament und Vertreter der maßgeblichen Interessenträger einladen, an ihren Arbeiten teilzunehmen.

Die Sekretariatsgeschäfte werden von der Kommission geführt.

(4) Die Kooperationsgruppe hat folgende Aufgaben:

a) Bereitstellung von Orientierungshilfen für die zuständigen Behörden in Bezug auf die Umsetzung und Durchführung dieser Richtlinie;

b) Bereitstellung von Orientierungshilfen für die zuständigen Behörden in Bezug auf die Ausarbeitung und Durchführung von Maßnahmen zur koordinierten Offenlegung von Schwachstellen gemäß Artikel 7 Absatz 2 Buchstabe c;

c) Austausch bewährter Verfahren und Informationsaustausch im Zusammenhang mit der Durchführung dieser Richtlinie, auch in Bezug auf Cyberbedrohungen, Sicherheitsvorfälle, Schwachstellen, Beinahe-Vorfälle, Sensibilisierungsinitiativen, Schulungen, Übungen und Kompetenzen, Kapazitätsaufbau, Normen und technische Spezifikationen sowie Bestimmung wesentlicher und wichtiger Einrichtungen gemäß Artikel 2 Absatz 2 Buchstaben b bis e;

d) beratender Austausch und Zusammenarbeit mit der Kommission in Bezug auf neue politische Initiativen im Bereich der Cybersicherheit und die allgemeine Kohärenz der sektorspezifischen Anforderungen an die Cybersicherheit;

e) beratender Austausch und Zusammenarbeit mit der Kommission bei Entwürfen von delegierten Rechtsakten oder Durchführungsrechtsakten, die gemäß dieser Richtlinie erlassen werden;

f)   Austausch bewährter Verfahren und Informationsaustausch mit den einschlägigen Organen, Einrichtungen und sonstigen Stellen der Union;

g)   Meinungsaustausch über die Durchführung sektorspezifischer Rechtsakte der Union, die Vorschriften über Cybersicherheit enthalten;

h)   gegebenenfalls Erörterung von Berichten über die in Artikel 19 Absatz 9 genannten Peer-Reviews und Ausarbeitung von Schlussfolgerungen und Empfehlungen;

i)   Durchführung koordinierter Risikobewertungen kritischer Lieferketten gemäß Artikel 22 Absatz 1;

j)   Erörterung von Fällen von Amtshilfe, einschließlich Erfahrungen und Ergebnisse gemeinsamer Aufsichtstätigkeiten in grenzübergreifenden Fällen gemäß Artikel 37;

k)   auf Ersuchen eines oder mehrerer betreffender Mitgliedstaaten Erörterung spezifischer Amtshilfeersuchen gemäß Artikel 37;

l)   Bereitstellung strategischer Orientierungshilfen für das CSIRTs-Netzwerk und das EU-CyCLONe zu spezifischen neu auftretenden Fragen;

m)   Meinungsaustausch über das Konzept von Folgemaßnahmen im Anschluss an Cybersicherheitsvorfälle großen Ausmaßes und Krisen auf der Grundlage von im CSIRTs-Netzwerk und im EU-CyCLONe gewonnenen Erkenntnissen;

n)   Beitrag zu den Cybersicherheitsfähigkeiten in der gesamten Union durch Erleichterung des Austauschs nationaler Bediensteter im Rahmen eines Programms zum Kapazitätsaufbau, an dem sich Mitarbeiter der zuständigen Behörden oder der CSIRTs beteiligen;

o)   Organisation regelmäßiger gemeinsamer Sitzungen mit einschlägigen privaten Interessenträgern aus der gesamten Union, um die Tätigkeiten der Kooperationsgruppe zu erörtern und Beiträge zu neuen politischen Herausforderungen einzuholen;

p)   Erörterung der Arbeiten im Zusammenhang mit Cybersicherheitsübungen, einschließlich der Arbeit der ENISA;

q)   Festlegung der Methode und der organisatorischen Aspekte der Peer Reviews gemäß Artikel 19 Absatz 1 sowie Festlegung der Selbstbewertungsmethode für die Mitgliedstaaten gemäß Artikel 19 Absatz 5 mit der Unterstützung der Kommission und der ENISA und Entwicklung von Verhaltenskodizes zur Untermauerung der Arbeitsmethoden benannter Sachverständiger für Cybersicherheit gemäß Artikel 19 Absatz 6 in Zusammenarbeit mit der Kommission und der ENISA;

r)   Ausarbeitung von Berichten über die auf strategischer Ebene und in den Peer Reviews gewonnenen Erfahrungen zum Zwecke der Überprüfung gemäß Artikel 40;

s)   Erörterung und regelmäßige Bewertung des aktuellen Stands in Bezug auf Cyberbedrohungen oder Sicherheitsvorfälle wie Ransomware.

Die Kooperationsgruppe unterbreitet die in Unterabsatz 1 Buchstabe r genannten Berichte der Kommission, dem Europäischen Parlament und dem Rat.

(5)   Die Mitgliedstaaten stellen eine wirksame, effiziente und sichere Zusammenarbeit ihrer Vertreter in der Kooperationsgruppe sicher.

(6)   Die Kooperationsgruppe kann das CSIRTs-Netzwerk um einen technischen Bericht zu ausgewählten Themen ersuchen.

(7)   Bis spätestens 1. Februar 2024 und danach alle zwei Jahre erstellt die Kooperationsgruppe ein Arbeitsprogramm bezüglich der Maßnahmen, die zur Umsetzung ihrer Ziele und Aufgaben zu ergreifen sind.

(8)   Die Kommission kann Durchführungsrechtsakte zur Festlegung der Verfahrensmodalitäten erlassen, die für das Funktionieren der Kooperationsgruppe erforderlich sind.

Diese Durchführungsrechtsakte werden gemäß dem in Artikel 39 Absatz 2 genannten Prüfverfahren erlassen.

Die Kommission tauscht sich mit der Kooperationsgruppe gemäß Absatz 4 Buchstabe e über die in den Unterabsatz 1 dieses Absatzes genannten Entwürfe von Durchführungsrechtsakten aus und arbeitet mit ihr zusammen.

(9)   Die Kooperationsgruppe tagt regelmäßig und in jedem Fall mindestens einmal jährlich gemeinsam mit der mit der Richtlinie (EU) 2022/2557 eingerichteten Gruppe für die Resilienz kritischer Einrichtungen, um die strategische Zusammenarbeit und den Informationsaustausch zu fördern und zu erleichtern.

Artikel 15 CSIRTs-Netzwerk

(1)   Um zum Aufbau von Vertrauen zwischen den Mitgliedstaaten beizutragen und eine rasche und wirksame operative Zusammenarbeit zwischen ihnen zu fördern, wird ein Netzwerk nationaler CSIRTs errichtet.

(2)   Das CSIRTs-Netzwerk setzt sich aus Vertretern der gemäß Artikel 10 benannten oder eingerichteten CSIRTs der Mitgliedstaaten und des IT-Notfallteams für die Organe, Einrichtungen und sonstigen Stellen der Union (CERT-EU) zusammen. Die Kommission nimmt als Beobachterin am CSIRTs-Netzwerk teil. Die ENISA führt die Sekretariatsgeschäfte und leistet aktive Unterstützung für die Zusammenarbeit zwischen den CSIRTs.

(3)   Das CSIRTs-Netzwerk hat folgende Aufgaben:

   a)   Informationsaustausch zu den Kapazitäten der CSIRTs;

b)   Erleichterung der gemeinsamen Nutzung, des Transfers und des Austauschs von Technologie sowie relevanten Maßnahmen, Strategien, Instrumenten, Abläufen, bewährten Verfahren und Rahmenbedingungen zwischen den CSIRTs;

c)   Austausch relevanter Informationen über Sicherheitsvorfälle, Beinahe-Vorfälle, Cyberbedrohungen, Risiken und Schwachstellen;

d)   Austausch von Informationen über Veröffentlichungen und Empfehlungen im Bereich Cybersicherheit;

e)   Sicherstellung der Interoperabilität in Bezug auf Spezifikationen und Protokolle für den Informationsaustausch;

f)   auf Antrag eines potenziell von einem Sicherheitsvorfall betroffenen Mitglieds des CSIRTs-Netzwerks Austausch und Erörterung von Informationen über diesen Sicherheitsvorfall und die damit verbundenen Cyberbedrohungen, Risiken und Schwachstellen;

g)   auf Antrag eines Mitglieds des CSIRTs-Netzwerks Erörterung und, sofern möglich, Umsetzung einer koordinierten Reaktion auf einen Sicherheitsvorfall, der im Gebiet seines Mitgliedstaats festgestellt wurde;

h)   Unterstützung der Mitgliedstaaten bei der Bewältigung grenzübergreifender Sicherheitsvorfälle gemäß dieser Richtlinie;

i)   Zusammenarbeit, Austausch bewährter Verfahren und Unterstützung der gemäß Artikel 12 Absatz 1 als Koordinatoren benannten CSIRTs im Hinblick auf die Steuerung der koordinierten Offenlegung von Schwachstellen, die erhebliche Auswirkungen auf Einrichtungen in mehreren Mitgliedstaaten nach sich ziehen könnten;

j)   Erörterung und Bestimmung weiterer Formen der operativen Zusammenarbeit, unter anderem im Zusammenhang mit

i) Kategorien von Cyberbedrohungen und Sicherheitsvorfällen,

ii) Frühwarnungen,

iii) gegenseitiger Unterstützung,

iv) Grundsätzen und Modalitäten der Koordinierung bei der Reaktion auf grenzüberschreitende Risiken und Sicherheitsvorfälle,

v) dem auf Ersuchen eines Mitgliedstaats erfolgenden Beitrag zum nationalen Plan für die Reaktion auf Cybersicherheitsvorfälle großen Ausmaßes und Krisen gemäß Artikel 9 Absatz 4;

k) Unterrichtung der Kooperationsgruppe über seine Tätigkeiten und über die gemäß Buchstabe j erörterten weiteren Formen der operativen Zusammenarbeit und gegebenenfalls Ersuchen um Orientierungshilfen dafür;

l) Berücksichtigung von Erkenntnissen aus Cybersicherheitsübungen, einschließlich der von der ENISA organisierten Übungen;

m) auf Antrag eines einzelnen CSIRT Erörterung der Kapazitäten und der Vorsorge dieses CSIRT;

n) Zusammenarbeit und Informationsaustausch mit regionalen und unionsweiten Sicherheitsbetriebszentren (Security Operations Centres), um die gemeinsame Lageerfassung bei Sicherheitsvorfällen und Cyberbedrohungen in der gesamten Union zu verbessern;

o) gegebenenfalls Erörterung der in Artikel 19 Absatz 9 genannten Peer Reviews;

p) Bereitstellung von Leitlinien zur Erleichterung der Konvergenz der operativen Verfahrensweisen in Bezug auf die Anwendung der die operative Zusammenarbeit betreffenden Bestimmungen dieses Artikels.

(4)   Bis zum 17. Januar 2025 und danach alle zwei Jahre bewertet das CSIRTs-Netzwerk zum Zwecke der in Artikel 40 genannten Überprüfung den bei der operativen Zusammenarbeit erzielten Fortschritt und nimmt einen Bericht an. Der Bericht enthält insbesondere Schlussfolgerungen und Empfehlungen auf der Grundlage der Peer Reviews gemäß Artikel 19, die in Bezug auf nationale CSIRTs durchgeführt werden. Dieser Bericht wird der Kooperationsgruppe übermittelt.

(5)   Das CSIRTs-Netzwerk gibt sich eine Geschäftsordnung.

(6)   Das CSIRTs-Netzwerk und das EU-CyCLONe einigen sich auf Verfahrensregeln und arbeiten auf deren Grundlage zusammen.

Artikel 16 Das Europäische Netzwerk der Verbindungsorganisationen für Cyberkrisen (EU-CyCLONe)

(1)   Zur Unterstützung des koordinierten Managements von Cybersicherheitsvorfällen großen Ausmaßes und Krisen auf operativer Ebene und zur Gewährleistung eines regelmäßigen Austauschs relevanter Informationen zwischen den Mitgliedstaaten und den Organen, Einrichtungen und sonstigen Stellen der Union wird das Europäische Netzwerk der Verbindungsorganisationen für Cyberkrisen (European Cyber Crises Liaison Organisation Network, EU-CyCLONe) eingerichtet.

(2)   EU-CyCLONe setzt sich aus den Vertretern der Behörden der Mitgliedstaaten für das Cyberkrisenmanagement sowie in Fällen, in denen ein potenzieller oder andauernder Cybersicherheitsvorfall großen Ausmaßes erhebliche Auswirkungen auf unter den Anwendungsbereich dieser Richtlinie fallende Dienste und Tätigkeiten hat oder wahrscheinlich haben wird, der Kommission zusammen. In anderen Fällen nimmt die Kommission als Beobachterin an den Tätigkeiten des EU-CyCLONe teil.

Die ENISA führt die Sekretariatsgeschäfte des EU-CyCLONe, unterstützt den sicheren Informationsaustausch und stellt die Instrumente bereit, die für die Förderung der Zusammenarbeit zwischen den Mitgliedstaaten zur Gewährleistung eines sicheren Informationsaustauschs erforderlich sind.

Gegebenenfalls kann das EU-CyCLONe Vertreter der maßgeblichen Interessenträger einladen, an seinen Arbeiten als Beobachter teilzunehmen.

(3)   Das EU-CyCLONe hat folgende Aufgaben:

a)   Verbesserung der Vorsorge im Hinblick auf das Management von Cybersicherheitsvorfällen großen Ausmaßes und Krisen;

b)   Entwicklung einer gemeinsamen Lageerfassung für Cybersicherheitsvorfälle großen Ausmaßes und Krisen;

c)   Bewertung der Folgen und Auswirkungen relevanter Cybersicherheitsvorfälle großen Ausmaßes und Krisen und Vorschläge für mögliche Abhilfemaßnahmen;

d)   Koordinierung des Managements von Cybersicherheitsvorfällen großen Ausmaßes und Krisen sowie Unterstützung der Entscheidungsfindung auf politischer Ebene in Bezug auf solche Sicherheitsvorfälle und Krisen;

e)   auf Ersuchen eines betreffenden Mitgliedstaats die Erörterung nationaler Pläne für die Reaktion auf Cybersicherheitsvorfälle großen Ausmaßes und Krisen gemäß Artikel 9 Absatz 4.

(4)   Das EU-CyCLONe gibt sich eine Geschäftsordnung.

(5)   Das EU-CyCLONe erstattet der Kooperationsgruppe regelmäßig Bericht über das Management von Cybersicherheitsvorfällen großen Ausmaßes und Krisen sowie Trends, wobei der Schwerpunkt insbesondere auf deren Auswirkungen auf wesentliche und wichtige Einrichtungen liegt.

(6)   Das EU-CyCLONe arbeitet auf der Grundlage vereinbarter Verfahrensmodalitäten gemäß Artikel 15 Absatz 6 mit dem CSIRTs-Netzwerk zusammen.

(7)   Bis zum 17. Juli 2024 und danach alle 18 Monate unterbreitet das EU-CyCLONe dem Europäischen Parlament und dem Rat einen Bericht, in dem es seine Arbeit bewertet.

Artikel 17 Internationale Zusammenarbeit

Die Union kann gegebenenfalls internationale Übereinkünfte mit Drittländern oder internationalen Organisationen im Einklang mit Artikel 218 AEUV schließen, in denen deren Beteiligung an bestimmten Tätigkeiten der Kooperationsgruppe, dem CSIRTs-Netzwerk und dem EU-CyCLONe ermöglicht und geregelt wird. Solche Übereinkünfte müssen mit dem Datenschutzrecht der Union im Einklang stehen.

Artikel 18 Bericht über den Stand der Cybersicherheit in der Union

(1)   Die ENISA nimmt in Zusammenarbeit mit der Kommission und der Kooperationsgruppe einen zweijährlichen Bericht über den Stand der Cybersicherheit in der Union an und legt diesen Bericht dem Europäischen Parlament vor. Dieser Bericht wird unter anderem in maschinenlesbaren Daten zur Verfügung gestellt und muss Folgendes enthalten:

> a)   eine Bewertung der Cybersicherheitsrisiken auf Unionsebene unter Berücksichtigung der Cyberbedrohungslandschaft;

> b)   eine Bewertung der Entwicklung von Cybersicherheitskapazitäten im öffentlichen und im privaten Sektor in der gesamten Union;

> c)   eine Bewertung des allgemeinen Grads der Sensibilisierung für Cybersicherheit und der Cyberhygiene bei Bürgerinnen und Bürgern und Einrichtungen, einschließlich kleiner und mittlerer Unternehmen;

> d)   eine aggregierte Bewertung der Ergebnisse der Peer Reviews gemäß Artikel 19;

e)   eine aggregierte Bewertung des Entwicklungsstands der Cybersicherheitskapazitäten und -ressourcen in der gesamten Union, einschließlich derjenigen auf Sektorenebene, sowie des Ausmaßes, in dem die nationalen Cybersicherheitsstrategien der Mitgliedstaaten aufeinander abgestimmt sind.

(2)   Der Bericht muss insbesondere politische Empfehlungen zur Behebung von Mängeln und Erhöhung des Cybersicherheitsniveaus in der gesamten Union und eine Zusammenfassung der Ergebnisse der von der ENISA gemäß Artikel 7 Absatz 6 der Verordnung (EU) 2019/881 für den entsprechenden Zeitraum erstellten technischen EU-Cybersicherheitslageberichte über Sicherheitsvorfälle und Cyberbedrohungen umfassen.

(3)   Die ENISA entwickelt in Zusammenarbeit mit der Kommission, der Kooperationsgruppe und dem CSIRTs-Netzwerk die Methodik, einschließlich der einschlägigen Variablen wie quantitativer und qualitativer Indikatoren, für die in Absatz 1 Buchstabe e genannte aggregierte Bewertung.

Artikel 19 Peer Reviews

(1)   Die Kooperationsgruppe wird bis zum 17. Januar 2025 mit Unterstützung der Kommission und der ENISA und gegebenenfalls des CSIRTs-Netzwerks die Methode und die organisatorischen Aspekte der Peer Reviews festlegen, um aus gemeinsamen Erfahrungen zu lernen, das gegenseitige Vertrauen zu stärken, ein hohes gemeinsames Cybersicherheitsniveau zu erreichen und die für die Umsetzung dieser Richtlinie erforderlichen Cybersicherheitsfähigkeiten und -konzepte der Mitgliedstaaten zu verbessern. Die Teilnahme an Peer Reviews ist freiwillig. Die Peer Reviews werden von Sachverständigen für Cybersicherheit durchgeführt. Die Sachverständigen für Cybersicherheit werden von mindestens zwei Mitgliedstaaten benannt, die sich von dem überprüften Mitgliedstaat unterscheiden.

Die Peer Reviews erstrecken sich mindestens auf einen der folgenden Punkte:

a)   den Stand der Umsetzung der Maßnahmen bezüglich Cybersicherheitsrisikomanagement und der Berichtspflichten gemäß den Artikeln 21 und 23;

b)   das Niveau der Kapazitäten, einschließlich
der verfügbaren finanziellen, technischen und
personellen Ressourcen, und die Wirksamkeit bei
der Durchführung der Aufgaben der zuständigen
Behörden;

c)   die operativen Kapazitäten der CSIRTs;

d)   den Stand der Umsetzung der Amtshilfe
gemäß Artikel 37;

e)   den Stand der Umsetzung der Vereinbarungen über den Austausch von Informationen im
Bereich der Cybersicherheit gemäß Artikel 29;

f)   spezifische Fragen mit grenz- oder sekto-
renübergreifendem Charakter.

(2)   Die Methode muss gemäß Absatz 1 objektive,
nichtdiskriminierende, faire und transparente Kriterien umfassen, anhand deren die Mitgliedstaaten Sachverständige
für Cybersicherheit benennen, die für die Durchführung der
Peer Reviews infrage kommen. Die ENISA und die Kommission nehmen als Beobachter an den Peer Reviews teil.

(3)   Die Mitgliedstaaten können spezifische, in Absatz 1
Buchstabe f genannte Probleme für eine Peer Review ermitteln.

(4)   Vor Beginn der Peer Review nach Absatz 1 teilen
Mitgliedstaaten den teilnehmenden Mitgliedstaaten ihren
Umfang, einschließlich der gemäß Absatz 3 ermittelten
Probleme, mit.

(5)   Vor Beginn der Peer Review können die Mitgliedstaaten eine Selbstbewertung der überprüften Aspekte vornehmen und diese Selbstbewertung den benannten Sachverständigen für Cybersicherheit vorlegen. Die Kooperationsgruppe legt mit Unterstützung der Kommission und der
ENISA die Methode für die Selbstbewertung der Mitgliedstaaten fest.

(6)	Die Peer Reviews umfassen physische oder virtuelle Besuche am Standort sowie abseits des Standorts den Austausch von Informationen. Im Einklang mit dem Grundsatz der guten Zusammenarbeit stellt der Mitgliedstaat, der Gegenstand der Peer Review ist, den benannten Sachverständigen für Cybersicherheit die für die Bewertung erforderlichen Informationen zur Verfügung, vorbehaltlich der Rechtsvorschriften der Union oder der Mitgliedstaaten über den Schutz vertraulicher oder als Verschlusssache eingestufter Informationen und der Wahrung grundlegender Funktionen des Staates wie der nationalen Sicherheit. Die Kooperationsgruppe entwickelt in Zusammenarbeit mit der Kommission und der ENISA geeignete Verhaltenskodizes zur Untermauerung der Arbeitsmethoden der benannten Sachverständigen für Cybersicherheit. Sämtliche durch die Peer Review erlangten Informationen dürfen nur zu diesem Zweck verwendet werden. Die an der Peer Review beteiligten Sachverständigen für Cybersicherheit geben keine sensiblen oder vertraulichen Informationen, die im Laufe der Peer Review erlangt wurden, an Dritte weiter.

(7)	Nachdem sie einer Peer Review unterzogen wurden, dürfen innerhalb von zwei Jahren nach Abschluss der Peer Review in diesem Mitgliedstaat keine weiteren Peer Reviews zu denselben Aspekten, die in einem Mitgliedstaat überprüft wurden, durchgeführt werden, es sei denn, der Mitgliedstaat beantragt etwas anderes oder es wird auf Vorschlag der Kooperationsgruppe etwas anderes vereinbart.

(8)	Die Mitgliedstaaten stellen sicher, dass jegliches Risiko eines Interessenkonflikts im Zusammenhang mit den benannten Sachverständigen für Cybersicherheit den anderen Mitgliedstaaten, der Kooperationsgruppe, der Kommission und der ENISA vor Beginn der Peer Review offengelegt wird. Der Mitgliedstaat, der Gegenstand der Peer Review ist, kann Einwände gegen die Benennung bestimmter Sachverständiger für Cybersicherheit erheben, wenn er dem benennenden Mitgliedstaat stichhaltige Gründe mitteilt.

(9)	Die an Peer Reviews beteiligten Sachverständigen für Cybersicherheit erstellen Berichte über die Ergebnisse und Schlussfolgerungen der Peer Reviews. Die einer Peer

Review unterliegenden Mitgliedstaaten können zu den sie betreffenden Berichtsentwürfen Stellung nehmen; diese Stellungnahmen werden den Berichten beigefügt. Die Berichte enthalten Empfehlungen zur Verbesserung der im Rahmen der Peer Review behandelten Aspekte. Die Berichte werden gegebenenfalls der Kooperationsgruppe und dem CSIRTs-Netzwerk vorgelegt. Ein einer Peer Review unterliegender Mitgliedstaat kann beschließen, seinen Bericht oder eine redigierte Fassung davon öffentlich zugänglich zu machen.

KAPITEL IV RISIKOMANAGEMENTMAßNAHMEN UND BERICHTSPFLICHTEN IM BEREICH DER CYBERSICHERHEIT

Artikel 20 Governance

(1)   Die Mitgliedstaaten stellen sicher, dass die Leitungsorgane wesentlicher und wichtiger Einrichtungen die von diesen Einrichtungen zur Einhaltung von Artikel 21 ergriffenen Risikomanagementmaßnahmen im Bereich der Cybersicherheit billigen, ihre Umsetzung überwachen und für Verstöße gegen diesen Artikel durch die betreffenden Einrichtungen verantwortlich gemacht werden können.

Die Anwendung dieses Absatzes lässt die nationalen Rechtsvorschriften in Bezug auf die für die öffentlichen Einrichtungen geltenden Haftungsregelungen sowie die Haftung von öffentlichen Bediensteten und gewählten oder ernannten Amtsträgern unberührt.

(2)   Die Mitgliedstaaten stellen sicher, dass die Mitglieder der Leitungsorgane wesentlicher und wichtiger Einrichtungen an Schulungen teilnehmen müssen, und fordern wesentliche und wichtige Einrichtungen auf, allen Mitarbeitern regelmäßig entsprechende Schulungen anzubieten, um ausreichende Kenntnisse und Fähigkeiten zur Erkennung und Bewertung von Risiken sowie Managementpraktiken im Bereich der Cybersicherheit und deren Auswirkungen auf die von der Einrichtung erbrachten Dienste zu erwerben.

Artikel 21 Risikomanagementmaßnahmen im Bereich der Cybersicherheit

(1)   Die Mitgliedstaaten stellen sicher, dass wesentliche und wichtige Einrichtungen geeignete und verhältnismäßige technische, operative und organisatorische Maßnahmen ergreifen, um die Risiken für die Sicherheit der Netz- und Informationssysteme, die diese Einrichtungen für ihren Betrieb oder für die Erbringung ihrer Dienste nutzen, zu beherrschen und die Auswirkungen von Sicherheitsvorfällen auf die Empfänger ihrer Dienste und auf andere Dienste zu verhindern oder möglichst gering zu halten.

Die in Unterabsatz 1 genannten Maßnahmen müssen unter Berücksichtigung des Stands der Technik und gegebenenfalls der einschlägigen europäischen und internationalen Normen sowie der Kosten der Umsetzung ein Sicherheitsniveau der Netz- und Informationssysteme gewährleisten, das dem bestehenden Risiko angemessen ist. Bei der Bewertung der Verhältnismäßigkeit dieser Maßnahmen sind das Ausmaß der Risikoexposition der Einrichtung, die Größe der Einrichtung und die Wahrscheinlichkeit des Eintretens von Sicherheitsvorfällen und deren Schwere, einschließlich ihrer gesellschaftlichen und wirtschaftlichen Auswirkungen, gebührend zu berücksichtigen.

(2)   Die in Absatz 1 genannten Maßnahmen müssen auf einem gefahrenübergreifenden Ansatz beruhen, der darauf abzielt, die Netz- und Informationssysteme und die physische Umwelt dieser Systeme vor Sicherheitsvorfällen zu schützen, und zumindest Folgendes umfassen:

a)   Konzepte in Bezug auf die Risikoanalyse und Sicherheit für Informationssysteme;

b)   Bewältigung von Sicherheitsvorfällen;

c)   Aufrechterhaltung des Betriebs, wie Backup-Management und Wiederherstellung nach einem Notfall, und Krisenmanagement;

d)   Sicherheit der Lieferkette einschließlich sicherheitsbezogener Aspekte der Beziehungen zwischen den einzelnen Einrichtungen und ihren unmittelbaren Anbietern oder Diensteanbietern;

e)   Sicherheitsmaßnahmen bei Erwerb, Entwicklung und Wartung von Netz- und Informationssystemen, einschließlich Management und Offenlegung von Schwachstellen;

f)   Konzepte und Verfahren zur Bewertung der Wirksamkeit von Risikomanagementmaßnahmen im Bereich der Cybersicherheit;

g)   grundlegende Verfahren im Bereich der Cyberhygiene und Schulungen im Bereich der Cybersicherheit;

h)   Konzepte und Verfahren für den Einsatz von Kryptografie und gegebenenfalls Verschlüsselung;

i)   Sicherheit des Personals, Konzepte für die Zugriffskontrolle und Management von Anlagen;

j)   Verwendung von Lösungen zur Multi-Faktor-Authentifizierung oder kontinuierlichen Authentifizierung, gesicherte Sprach-, Video- und Textkommunikation sowie gegebenenfalls gesicherte Notfallkommunikationssysteme innerhalb der Einrichtung.

(3)   Die Mitgliedstaaten stellen sicher, dass die Einrichtungen bei der Erwägung geeigneter Maßnahmen nach Absatz 2 Buchstabe d des vorliegenden Artikels die spezifischen Schwachstellen der einzelnen unmittelbaren Anbieter und Diensteanbieter sowie die Gesamtqualität der Produkte und der Cybersicherheitspraxis ihrer Anbieter und Diensteanbieter, einschließlich der Sicherheit ihrer Entwicklungsprozesse, berücksichtigen. Die Mitgliedstaaten stellen ferner sicher, dass die Einrichtungen bei der Erwägung geeigneter Maßnahmen nach jenem Buchstaben die Ergebnisse der gemäß Artikel 22 Absatz 1 durchgeführten koordinierten Risikobewertungen in Bezug auf die Sicherheit kritischer Lieferketten berücksichtigen müssen.

(4)   Die Mitgliedstaaten stellen sicher, dass eine Einrichtung, die feststellt, dass sie den in Absatz 2 genannten Maßnahmen nicht nachkommt, unverzüglich alle erforderlichen, angemessenen und verhältnismäßigen Korrekturmaßnahmen ergreift.

(5)   Bis zum 17. Oktober 2024 erlässt die Kommission Durchführungsrechtsakte zur Festlegung der technischen und methodischen Anforderungen an die in Absatz 2 genannten Maßnahmen in Bezug auf DNS-Diensteanbieter, TLD-Namenregister, Cloud-Computing-Dienstleister, Anbieter von Rechenzentrumsdiensten, Betreiber von Inhaltszustellnetzen, Anbieter von verwalteten Diensten, Anbieter von verwalteten Sicherheitsdiensten, Anbieter von Online-Marktplätzen, Online-Suchmaschinen und Plattformen für Dienste sozialer Netzwerke und Vertrauensdiensteanbieter.

Die Kommission kann Durchführungsrechtsakte erlassen, in denen die technischen und methodischen Anforderungen sowie erforderlichenfalls die sektoralen Anforderungen der in Absatz 2 genannten Maßnahmen in Bezug auf andere als die in Unterabsatz 1 des vorliegenden Absatzes genannten wesentlichen und wichtigen Einrichtungen festgelegt werden.

Bei der Ausarbeitung der in den Unterabsätzen 1 und 2 des vorliegenden Absatzes genannten Durchführungsrechtsakte orientiert sich die Kommission so weit wie möglich an europäischen und internationalen Normen sowie einschlägigen technischen Spezifikationen. Die Kommission tauscht sich mit der Kooperationsgruppe und der ENISA über die Entwürfe von Durchführungsrechtsakten gemäß Artikel 14 Absatz 4 Buchstabe e aus und arbeitet mit ihnen zusammen.

Diese Durchführungsrechtsakte werden gemäß dem in Artikel 39 Absatz 2 genannten Prüfverfahren erlassen.

Artikel 22 Koordinierte Risikobewertungen in Bezug auf die Sicherheit kritischer Lieferketten auf Ebene der Union

(1)   Die Kooperationsgruppe kann in Zusammenarbeit mit der Kommission und der ENISA koordinierte Risikobewertungen in Bezug auf die Sicherheit der Lieferketten bestimmter kritischer IKT-Dienste, -Systeme oder -Produkte unter Berücksichtigung technischer und erforderlichenfalls nichttechnischer Risikofaktoren durchführen.

(2)   Die Kommission legt nach Konsultation der Kooperationsgruppe und der ENISA sowie gegebenenfalls ein-

schlägiger Interessenträger fest, welche spezifischen kritischen IKT-Dienste, -Systeme oder -Produkte der koordinierten Risikobewertung in Bezug auf die Sicherheit nach
Absatz 1 unterzogen werden können

Artikel 23 Berichtspflichten

(1)　　　Jeder Mitgliedstaat stellt sicher, dass wesentliche
und wichtige Einrichtungen ihrem CSIRT oder gegebenenfalls ihrer zuständigen Behörde gemäß Absatz 4 unverzüglich über jeden Sicherheitsvorfall unterrichten, der erhebliche Auswirkungen auf die Erbringung ihrer Dienste gemäß
Absatz 3 (erheblicher Sicherheitsvorfall) hat. Gegebenenfalls unterrichten die betreffenden Einrichtungen die Empfänger ihrer Dienste unverzüglich über diese erheblichen
Sicherheitsvorfälle, die die Erbringung des jeweiligen
Dienstes beeinträchtigen könnten. Jeder Mitgliedstaat stellt
sicher, dass diese Einrichtungen unter anderem alle Informationen übermitteln, die es dem CSIRT oder gegebenenfalls der zuständigen Behörde ermöglichen zu ermitteln, ob
der Sicherheitsvorfall grenzübergreifende Auswirkungen
hat. Mit der bloßen Meldung wird keine höhere Haftung der
meldenden Einrichtung begründet.

Melden die betreffenden Einrichtungen der zuständigen
Behörde einen erheblichen Sicherheitsvorfall gemäß Unterabsatz 1, so stellt der Mitgliedstaat sicher, dass diese zuständige Behörde die Meldung nach Eingang an das CSIRT
weiterleitet.

Im Falle eines grenz- oder sektorenübergreifenden erheblichen Sicherheitsvorfalls stellen die Mitgliedstaaten sicher,
dass ihre zentralen Anlaufstellen rechtzeitig einschlägige
Informationen erhalten, die gemäß Absatz 4 gemeldet wurden.

(2)　　　Gegebenenfalls stellen die Mitgliedstaaten sicher,
dass wesentliche und wichtige Einrichtungen den potenziell
von einer erheblichen Cyberbedrohung betroffenen Empfängern ihrer Dienste unverzüglich alle Maßnahmen oder
Abhilfemaßnahmen mitteilen, die diese Empfänger als Reaktion auf diese Bedrohung ergreifen können. Die Einrichtungen informieren diese Empfänger gegebenenfalls auch
über die erhebliche Cyberbedrohung selbst.

(3)   Ein Sicherheitsvorfall gilt als erheblich, wenn

a)   er schwerwiegende Betriebsstörungen der Dienste oder finanzielle Verluste für die betreffende Einrichtung verursacht hat oder verursachen kann;

b)   er andere natürliche oder juristische Personen durch erhebliche materielle oder immaterielle Schäden beeinträchtigt hat oder beeinträchtigen kann.

(4)   Die Mitgliedstaaten stellen sicher, dass die betreffenden Einrichtungen dem CSIRT oder gegebenenfalls der zuständigen Behörde für die Zwecke der Meldung nach Absatz 1 Folgendes übermitteln:

a)   unverzüglich, in jedem Fall aber innerhalb von 24 Stunden nach Kenntnisnahme des erheblichen Sicherheitsvorfalls, eine Frühwarnung, in der gegebenenfalls angegeben wird, ob der Verdacht besteht, dass der erhebliche Sicherheitsvorfall auf rechtswidrige oder böswillige Handlungen zurückzuführen ist oder grenzüberschreitende Auswirkungen haben könnte;

b)   unverzüglich, in jedem Fall aber innerhalb von 72 Stunden nach Kenntnisnahme des erheblichen Sicherheitsvorfalls, eine Meldung über den Sicherheitsvorfall, in der gegebenenfalls die unter Buchstabe a genannten Informationen aktualisiert werden und eine erste Bewertung des erheblichen Sicherheitsvorfalls, einschließlich seines Schweregrads und seiner Auswirkungen, sowie gegebenenfalls die Kompromittierungsindikatoren angegeben werden;

c)   auf Ersuchen eines CSIRT oder gegebenenfalls der zuständigen Behörde einen Zwischenbericht über relevante Statusaktualisierungen;

d)   spätestens einen Monat nach Übermittlung der Meldung des Sicherheitsvorfalls gemäß Buchstabe b einen Abschlussbericht, der Folgendes enthält:

i) eine ausführliche Beschreibung des Sicherheitsvorfalls, einschließlich seines Schweregrads und seiner Auswirkungen;

ii) Angaben zur Art der Bedrohung bzw. zugrunde liegenden Ursache, die wahrscheinlich den Sicherheitsvorfall ausgelöst hat;

iii) Angaben zu den getroffenen und laufenden Abhilfemaßnahmen;

iv) gegebenenfalls die grenzüberschreitenden Auswirkungen des Sicherheitsvorfalls;

e) im Falle eines andauernden Sicherheitsvorfalls zum Zeitpunkt der Vorlage des Abschlussberichts gemäß Buchstabe d stellen die Mitgliedstaaten sicher, dass die betreffenden Einrichtungen zu diesem Zeitpunkt einen Fortschrittsbericht und einen Abschlussbericht innerhalb eines Monats nach Behandlung des Sicherheitsvorfalls vorlegen.

Abweichend von Unterabsatz 1 Buchstabe b unterrichtet ein Vertrauensdiensteanbieter das CSIRT oder gegebenenfalls die zuständige Behörde in Bezug auf erhebliche Sicherheitsvorfälle, die sich auf die Erbringung seiner Vertrauensdienste auswirken, unverzüglich, in jedem Fall aber innerhalb von 24 Stunden nach Kenntnisnahme des erheblichen Sicherheitsvorfalls.

(5) Das CSIRT oder die zuständige Behörde übermitteln der meldenden Einrichtung unverzüglich und nach Möglichkeit innerhalb von 24 Stunden nach Eingang der Frühwarnung gemäß Absatz 4 Buchstabe a eine Antwort, einschließlich einer ersten Rückmeldung zu dem erheblichen Sicherheitsvorfall und, auf Ersuchen der Einrichtung, Orientierungshilfen oder operativer Beratung für die Durchführung möglicher Abhilfemaßnahmen. Ist das CSIRT nicht der ursprüngliche Empfänger der in Absatz 1 genannten Meldung, werden die Orientierungshilfen von der zuständigen Behörde in Zusammenarbeit mit dem CSIRT bereitge-

stellt. Das CSIRT leistet auf Ersuchen der betreffenden Einrichtung zusätzliche technische Unterstützung. Wird bei dem erheblichen Sicherheitsvorfall ein krimineller Hintergrund vermutet, gibt das CSIRT oder die zuständige Behörde ferner Orientierungshilfen für die Meldung des Sicherheitsvorfalls an die Strafverfolgungsbehörden.

(6) Gegebenenfalls und insbesondere, wenn der erhebliche Sicherheitsvorfall zwei oder mehr Mitgliedstaaten betrifft, unterrichtet das CSIRT, die zuständige Behörde oder die zentrale Anlaufstelle unverzüglich die anderen betroffenen Mitgliedstaaten und die ENISA über den erheblichen Sicherheitsvorfall. Diese Informationen umfassen die Art der gemäß Absatz 4 erhaltenen Informationen. Dabei wahren das CSIRT, die zuständige Behörde oder die zentrale Anlaufstelle im Einklang mit dem Unionsrecht oder dem einzelstaatlichen Recht die Sicherheit und das wirtschaftliche Interesse der Einrichtung sowie die Vertraulichkeit der bereitgestellten Informationen.

(7) Ist eine Sensibilisierung der Öffentlichkeit erforderlich, um einen erheblichen Sicherheitsvorfall zu verhindern oder einen laufenden erheblichen Sicherheitsvorfall zu bewältigen oder liegt die Offenlegung des erheblichen Sicherheitsvorfalls anderweitig im öffentlichen Interesse, so kann das CSIRT eines Mitgliedstaats oder gegebenenfalls seine zuständige Behörde sowie gegebenenfalls die CSIRTs oder die zuständigen Behörden anderer betreffender Mitgliedstaaten nach Konsultation der betreffenden Einrichtung die Öffentlichkeit über den erheblichen Sicherheitsvorfall informieren oder die Einrichtung auffordern, dies zu tun.

(8) Auf Ersuchen des CSIRT oder der zuständigen Behörde leitet die zentrale Anlaufstelle die nach Absatz 1 eingegangenen Meldungen an die zentralen Anlaufstellen der anderen betroffenen Mitgliedstaaten weiter.

(9) Die zentrale Anlaufstelle legt der ENISA alle drei Monate einen zusammenfassenden Bericht vor, der anonymisierte und aggregierte Daten zu erheblichen Sicherheitsvorfällen, erheblichen Cyberbedrohungen und Beinahe-Vorfällen enthält, die gemäß Absatz 1 des vorliegenden Artikels und Artikel 30 gemeldet wurden. Um zur Bereitstellung vergleichbarer Informationen beizutragen, kann die

ENISA technische Leitlinien zu den Parametern der in den zusammenfassenden Bericht aufzunehmenden Angaben verabschieden. Die ENISA unterrichtet die Kooperationsgruppe und das CSIRTs-Netzwerk alle sechs Monate über ihre Erkenntnisse zu den eingegangenen Meldungen.

(10)   Die CSIRTs oder gegebenenfalls die zuständigen Behörden stellen den gemäß der Richtlinie (EU) 2022/2557 zuständigen Behörden Informationen über erhebliche Sicherheitsvorfälle, erhebliche Cyberbedrohungen und Beinahe-Vorfälle zur Verfügung, die nach Absatz 1 des vorliegenden Artikels und Artikel 30 von Einrichtungen, die im Sinne der Richtlinie (EU) 2022/2557 als kritische Einrichtungen gelten, gemeldet wurden.

(11)   Die Kommission kann Durchführungsrechtsakte erlassen, in denen die Art der Angaben, das Format und das Verfahren für Meldungen gemäß Absatz 1 dieses Artikels und Artikel 30 sowie einer gemäß Absatz 2 dieses Artikels übermittelten Mitteilung näher bestimmt werden.

Bis zum 17. Oktober 2024 erlässt die Kommission in Bezug auf DNS-Diensteanbieter, TLD-Namenregister, Cloud-Computing-Dienstleister, Anbieter von Rechenzentrumsdiensten, Betreiber von Inhaltszustellnetzen, Anbieter von verwalteten Diensten, Anbieter von verwalteten Sicherheitsdiensten sowie Anbieter von Online-Marktplätzen, Online-Suchmaschinen und Plattformen für Dienste sozialer Netzwerke Durchführungsrechtsakte, in denen näher bestimmt wird, in welchen Fällen ein Sicherheitsvorfall als erheblich im Sinne von Absatz 3 anzusehen ist. Die Kommission kann solche Durchführungsrechtsakte in Bezug auf andere wesentliche und wichtige Einrichtungen erlassen.

Die Kommission tauscht sich mit der Kooperationsgruppe gemäß Artikel 14 Absatz 4 Buchstabe e über die in den Unterabsätzen 1 und 2 dieses Absatzes genannten Entwürfe von Durchführungsrechtsakten aus und arbeitet mit ihr zusammen.

Diese Durchführungsrechtsakte werden gemäß dem in Artikel 39 Absatz 2 genannten Prüfverfahren erlassen.

Artikel 24 Nutzung der europäischen Schemata für die Cybersicherheitszertifizierung

(1)   Die Mitgliedstaaten können wesentliche und wichtige Einrichtungen dazu verpflichten, spezielle IKT-Produkte, -Dienste und -Prozesse zu verwenden, die von der wesentlichen oder wichtigen Einrichtung entwickelt oder von Dritten beschafft werden und die im Rahmen europäischer Schemata für die Cybersicherheitszertifizierung, die gemäß Artikel 49 der Verordnung (EU) 2019/881 angenommen wurden, zertifiziert sind, um die Erfüllung bestimmter in Artikel 21 genannter Anforderungen nachzuweisen. Darüber hinaus fördern die Mitgliedstaaten, dass wesentliche und wichtige Einrichtungen qualifizierte Vertrauensdienste nutzen.

(2)   Die Kommission ist befugt, gemäß Artikel 38 delegierte Rechtsakte zu erlassen, um diese Richtlinie dadurch zu ergänzen, dass ausgeführt wird, welche Kategorien wesentlicher und wichtiger Einrichtungen verpflichtet sind, bestimmte zertifizierte IKT-Produkte, -Dienste und -Prozesse zu nutzen oder ein Zertifikat im Rahmen eines gemäß Artikel 49 der Verordnung (EU) 2019/881 erlassenen europäischen Schemas für die Cybersicherheitszertifizierung zu erlangen. Diese delegierten Rechtsakte werden erlassen, wenn ein unzureichendes Niveau der Cybersicherheit festgestellt wurde, und umfassen eine Umsetzungsfrist.

Vor dem Erlass solcher delegierten Rechtsakte nimmt die Kommission eine Folgenabschätzung vor und führt Konsultationen gemäß Artikel 56 der Verordnung (EU) 2019/881 durch.

(3)   Steht kein geeignetes europäisches Schema für die Cybersicherheitszertifizierung für die Zwecke des Absatzes 2 dieses Artikels zur Verfügung, kann die Kommission nach Anhörung der Kooperationsgruppe und der Europäischen Gruppe für die Cybersicherheitszertifizierung die ENISA auffordern, ein mögliches Schema gemäß Artikel 48 Absatz 2 der Verordnung (EU) 2019/881 auszuarbeiten.

Artikel 25 Normung

(1)   Um die einheitliche Anwendung des Artikels 21 Absätze 1 und 2 zu gewährleisten, fördern die Mitgliedstaaten ohne Auferlegung oder willkürliche Bevorzugung der Verwendung einer bestimmten Technologieart die Anwendung europäischer und internationaler Normen und technischer Spezifikationen für die Sicherheit von Netz- und Informationssystemen.

(2)   In Zusammenarbeit mit den Mitgliedstaaten und gegebenenfalls nach Konsultation einschlägiger Interessenträger bietet die ENISA Beratung und erlässt Leitlinien zu den technischen Bereichen, die in Bezug auf Absatz 1 in Betracht zu ziehen sind, sowie zu den bereits bestehenden Normen — einschließlich der nationalen Normen —, mit denen diese Bereiche abgedeckt werden könnten.

KAPITEL V ZUSTÄNDIGKEIT UND REGISTRIERUNG

Artikel 26 Zuständigkeit und Territorialität

(1)   Einrichtungen, die in den Anwendungsbereich dieser Richtlinie fallen, gelten als der Zuständigkeit des Mitgliedstaats unterliegend, in dem sie niedergelassen sind, außer in folgenden Fällen:

a)   Anbieter öffentlicher elektronischer Kommunikationsnetze oder Anbieter öffentlich zugänglicher elektronischer Kommunikationsdienste, die als der Zuständigkeit des Mitgliedstaats unterliegend betrachtet werden, in dem sie ihre Dienste erbringen;

b)   DNS-Diensteanbieter, TLD-Namenregister, Einrichtungen, die Domänennamen-Registrierungsdienste erbringen, Anbieter von Cloud-Computing-Diensten, Anbieter von Rechenzentrumsdiensten, Betreiber von Inhaltszustellnetzen, Anbieter von verwalteten Diensten, Anbieter von verwalteten Sicherheitsdiensten sowie Anbieter von Online-Marktplätzen, Online-Suchmaschinen oder Plattformen für Dienste sozialer Netzwerke, die als der Zuständigkeit des Mitgliedstaats unterliegend betrachtet werden, in dem sie gemäß Absatz 2 ihre Hauptniederlassung in der Union haben;

c)	Einrichtungen der öffentlichen Verwaltung, die als der Zuständigkeit des Mitgliedstaats unterliegend betrachtet werden, der sie gegründet hat.

(2)	Für die Zwecke dieser Richtlinie wird davon ausgegangen, dass als Hauptniederlassung in der Union einer in Absatz 1 Buchstabe b genannten Einrichtung jeweils die Niederlassung in demjenigen Mitgliedstaat betrachtet wird, in dem die Entscheidungen im Zusammenhang mit den Maßnahmen zum Cybersicherheitsrisikomanagement vorwiegend getroffen werden. Kann ein solcher Mitgliedstaat nicht bestimmt werden oder werden solche Entscheidungen nicht in der Union getroffen, so gilt als Hauptniederlassung der Mitgliedstaat, in dem die Cybersicherheitsmaßnahmen durchgeführt werden. Kann ein solcher Mitgliedstaat nicht bestimmt werden, so gilt als Hauptniederlassung der Mitgliedstaat, in dem die betreffende Einrichtung die Niederlassung mit der höchsten Beschäftigtenzahl in der Union hat.

(3)	Hat eine in Absatz 1 Buchstabe b genannte Einrichtung keine Niederlassung in der Union, bietet aber Dienste innerhalb der Union an, muss sie einen Vertreter in der Union benennen. Der Vertreter muss in einem der Mitgliedstaaten niedergelassen sein, in denen die Dienste angeboten werden. Es wird davon ausgegangen, dass eine solche Einrichtung der Zuständigkeit des Mitgliedstaats unterliegt, in dem der Vertreter niedergelassen ist. Wurde in der Union kein Vertreter im Sinne dieses Absatzes benannt, kann jeder Mitgliedstaat, in dem die Einrichtung Dienste erbringt, gegen die Einrichtung rechtliche Schritte wegen des Verstoßes gegen diese Richtlinie einleiten.

(4)	Die Benennung eines Vertreters durch eine in Absatz 1 Buchstabe b genannte Einrichtung lässt rechtliche Schritte, die gegen die Einrichtung selbst eingeleitet werden könnten, unberührt.

(5)	Mitgliedstaaten, die ein Rechtshilfeersuchen zu einer in Absatz 1 Buchstabe b genannten Einrichtung erhalten haben, können innerhalb der Grenzen dieses Ersuchens geeignete Aufsichts- und Durchsetzungsmaßnahmen in Bezug auf die betreffende Einrichtung ergreifen, die in ihrem Hoheitsgebiet Dienste anbietet oder ein Netz- und Informationssystem betreibt.

Artikel 27 Register der Einrichtungen

(1)   Die ENISA erstellt und pflegt ein Register der DNS-Diensteanbieter, TLD-Namenregister, Einrichtungen, die Domänennamen-Registrierungsdienste erbringen, Anbieter von Cloud-Computing-Diensten, Anbieter von Rechenzentrumsdiensten, Betreiber von Inhaltszustellnetzen, Anbieter von verwalteten Diensten, Anbieter von verwalteten Sicherheitsdiensten sowie Anbieter von Online-Marktplätzen, Online-Suchmaschinen oder Plattformen für Dienste sozialer Netzwerke auf der Grundlage der Informationen, die sie von den zentralen Anlaufstellen im Einklang mit Artikel 4 erhalten hat. Auf Ersuchen ermöglicht die ENISA den zuständigen Behörden den Zugang zu diesem Register, wobei sie gegebenenfalls für den Schutz der Vertraulichkeit der Informationen sorgt.

(2)   Die Mitgliedstaaten verlangen von den in Absatz 1 genannten Einrichtungen, dass sie bis zum 17. Januar 2025 den zuständigen Behörden folgende Angaben übermitteln:

> a)   Name der Einrichtung,

> b)   gegebenenfalls, einschlägiger Sektor, Teilsektor und Art der Einrichtung gemäß Anhang I oder II,

> c)   Anschrift der Hauptniederlassung der Einrichtung und ihrer sonstigen Niederlassungen in der Union oder, falls sie nicht in der Union niedergelassen ist, Anschrift ihres nach Artikel 26 Absatz 3 benannten Vertreters,

> d)   aktuelle Kontaktdaten, einschließlich E-Mail-Adressen und Telefonnummern der Einrichtung und gegebenenfalls ihres gemäß Artikel 26 Absatz 3 benannten Vertreters,

e)   die Mitgliedstaaten, in denen die Einrichtung Dienste erbringt, und

f)   die IP-Adressbereiche der Einrichtung.

(3)   Die Mitgliedstaaten stellen sicher, dass im Falle einer Änderung der gemäß Absatz 2 übermittelten Angaben die in Absatz 1 genannten Einrichtungen die zuständige Behörde unverzüglich über diese Änderung, in jedem Fall aber innerhalb von drei Monaten ab dem Tag der Änderung, unterrichten.

(4)   Nach Erhalt der in Absatz 2 und 3 genannten Angaben, mit Ausnahme der in Absatz 2 Buchstabe f genannten Angaben, leitet die zentrale Anlaufstelle des betreffenden Mitgliedstaats diese unverzüglich an die ENISA weiter.

(5)   Gegebenenfalls werden die in den Absätzen 2 und 3 des vorliegenden Artikels genannten Angaben über den in Artikel 3 Absatz 4 Unterabsatz 4 genannten nationalen Mechanismus übermittelt.

Artikel 28 Datenbank der Domänennamen-Registrierungsdaten

(1)   Um einen Beitrag zur Sicherheit, Stabilität und Resilienz des Domänennamensystems zu leisten, verpflichten die Mitgliedstaaten, dass die TLD-Namenregister und die Einrichtungen, die Domänennamen-Registrierungsdienste erbringen, genaue und vollständige Domänennamen-Registrierungsdaten in einer eigenen Datenbank im Einklang mit dem Datenschutzrecht der Union in Bezug auf personenbezogene Daten mit der gebotenen Sorgfalt sammeln und pflegen.

(2)   Für die Zwecke des Absatzes 1 schreiben die Mitgliedstaaten vor, dass die Datenbank der Domänennamen-Registrierungsdaten die erforderlichen Angaben enthält, anhand derer die Inhaber der Domänennamen und die Kontaktstellen, die die Domänennamen im Rahmen der TLD verwalten, identifiziert und kontaktiert werden können. Diese Informationen müssen Folgendes umfassen:

a)   den Domänennamen;

b)   das Datum der Registrierung;

c)   den Namen des Domäneninhabers, seine E-Mail-Adresse und Telefonnummer;

d)   die Kontakt-E-Mail-Adresse und die Telefonnummer der Anlaufstelle, die den Domänennamen verwaltet, falls diese sich von denen des Domäneninhabers unterscheiden.

(3)   Die Mitgliedstaaten schreiben vor, dass die TLD-Namenregister und die Einrichtungen, die Domänennamen-Registrierungsdienste erbringen, über Vorgaben und Verfahren, einschließlich Überprüfungsverfahren, verfügen, mit denen sichergestellt wird, dass die in Absatz 1 genannten Datenbanken genaue und vollständige Angaben enthalten. Die Mitgliedstaaten schreiben vor, dass diese Vorgaben und Verfahren öffentlich zugänglich gemacht werden.

(4)   Die Mitgliedstaaten schreiben vor, dass die TLD-Namenregister und Einrichtungen, die Domänennamen-Registrierungsdienste erbringen, unverzüglich nach der Registrierung eines Domänennamens die nicht personenbezogenen Domänennamen-Registrierungsdaten öffentlich zugänglich machen.

(5)   Die Mitgliedstaaten schreiben vor, dass die TLD-Namenregister und die Einrichtungen, die Domänennamen-Registrierungsdienste erbringen, auf rechtmäßige und hinreichend begründete Anträge berechtigten Zugangsnachfragern im Einklang mit dem Datenschutzrecht der Union Zugang zu bestimmten Domänennamen-Registrierungsdaten gewähren. Die Mitgliedstaaten schreiben vor, dass die TLD-Namenregister und Einrichtungen, die Domänennamen-Registrierungsdienste erbringen, alle Anträge auf Zugang unverzüglich und in jedem Fall innerhalb von 72 Stunden nach Eingang eines Antrags auf Zugang beantworten. Die Mitgliedstaaten schreiben vor, dass diese Vorgaben und Verfahren im Hinblick auf die Offenlegung solcher Daten öffentlich zugänglich gemacht werden.

(6)   Die Einhaltung der in den Absätzen 1 bis 5 festgelegten Verpflichtungen darf nicht zu einer doppelten Erhebung von Domänennamen-Registrierungsdaten führen. Zu diesem Zweck schreiben die Mitgliedstaaten vor, dass die TLD-Namenregister und die Einrichtungen, die Domänen-

namen-Registrierungsdienste erbringen, miteinander zusammenarbeiten.

KAPITEL VI INFORMATIONSAUSTAUSCH

Artikel 29 Vereinbarungen über den Austausch von Informationen zur Cybersicherheit

(1)   Die Mitgliedstaaten stellen sicher, dass in den Anwendungsbereich dieser Richtlinie fallende Einrichtungen und gegebenenfalls andere Einrichtungen, die nicht in den Anwendungsbereich dieser Richtlinie fallen, auf freiwilliger Basis relevante Cybersicherheitsinformationen untereinander austauschen können, einschließlich Informationen über Cyberbedrohungen, Beinahe-Vorfälle, Schwachstellen, Techniken und Verfahren, Kompromittierungsindikatoren, gegnerische Taktiken, bedrohungsspezifische Informationen, Cybersicherheitswarnungen und Empfehlungen für die Konfiguration von Cybersicherheitsinstrumenten zur Aufdeckung von Cyberangriffen, sofern

a)   dieser Informationsaustausch darauf abzielt, Sicherheitsvorfälle zu verhindern, aufzudecken, darauf zu reagieren oder sich von ihnen zu erholen oder ihre Folgen einzudämmen;

b)   durch diesen Informationsaustausch das Cybersicherheitsniveau erhöht wird, insbesondere indem Aufklärungsarbeit über Cyberbedrohungen geleistet wird, die Fähigkeit solcher Bedrohungen, sich zu verbreiten eingedämmt bzw. verhindert wird und eine Reihe von Abwehrkapazitäten, die Beseitigung und Offenlegung von Schwachstellen, Techniken zur Erkennung, Eindämmung und Verhütung von Bedrohungen, Eindämmungsstrategien, Reaktions- und Wiederherstellungsphasen unterstützt werden oder indem die gemeinsame Forschung im Bereich Cyberbedrohung zwischen öffentlichen und privaten Einrichtungen gefördert wird.

(2)   Die Mitgliedstaaten stellen sicher, dass der Informationsaustausch innerhalb Gemeinschaften wesentlicher

und wichtiger Einrichtungen und gegebenenfalls ihrer Lieferanten oder Dienstleister stattfindet. Dieser Austausch muss im Wege von Vereinbarungen über den Informationsaustausch im Bereich der Cybersicherheit unter Beachtung des potenziell sensiblen Charakters der ausgetauschten Informationen erfolgen.

(3)   Die Mitgliedstaaten erleichtern die Festlegung von Vereinbarungen über den Austausch von Informationen im Bereich der Cybersicherheit gemäß Absatz 2 dieses Artikels. In solchen Vereinbarungen können operative Elemente, einschließlich der Nutzung spezieller IKT-Plattformen und Automatisierungsinstrumente, der Inhalt und die Bedingungen der Vereinbarungen über den Informationsaustausch bestimmt werden. Bei der Festlegung der Einzelheiten der Beteiligung von Behörden an solchen Vereinbarungen können die Mitgliedstaaten Bedingungen für die von den zuständigen Behörden oder CSIRTs bereitgestellten Informationen festlegen. Die Mitgliedstaaten bieten Unterstützung bei der Anwendung solcher Vereinbarungen im Einklang mit ihren in Artikel 7 Absatz 2 Buchstabe h genannten Konzepten.

(4)   Die Mitgliedstaaten stellen sicher, dass wesentliche und wichtige Einrichtungen die zuständigen Behörden beim Abschluss von in Absatz 2 genannten Vereinbarungen über den Informationsaustausch im Bereich der Cybersicherheit oder gegebenenfalls über ihren Rücktritt von solchen Vereinbarungen unterrichten, sobald dieser wirksam wird.

(5)   Die ENISA unterstützt den Abschluss von Vereinbarungen über den Austausch von Informationen im Bereich der Cybersicherheit gemäß Absatz 2, indem sie bewährte Verfahren austauscht und Orientierungshilfen zur Verfügung stellt.

Artikel 30 Freiwillige Meldung relevanter Informationen

(1)   Die Mitgliedstaaten stellen sicher, dass zusätzlich zu der Berichtspflicht nach Artikel 23 Meldungen den CSIRTs oder gegebenenfalls den zuständigen Behörden auf freiwilliger Basis übermittelt werden können, und zwar durch:

a)   wesentliche und wichtige Einrichtungen in Bezug auf Sicherheitsvorfälle, Cyberbedrohungen und Beinahe-Vorfälle;

b)   andere als die in Buchstabe a genannten Einrichtungen, unabhängig davon, ob sie in den Anwendungsbereich dieser Richtlinie fallen, in Bezug auf erhebliche Sicherheitsvorfälle, Cyberbedrohungen und Beinahe-Vorfälle.

(2)   Die Mitgliedstaaten bearbeiten die in Absatz 1 des vorliegenden Artikels genannten Meldungen nach dem in Artikel 23 vorgesehenen Verfahren. Die Mitgliedstaaten können Pflichtmeldungen vorrangig vor freiwilligen Meldungen bearbeiten.

Erforderlichenfalls übermitteln die CSIRTs und gegebenenfalls die zuständigen Behörden den zentralen Anlaufstellen die Informationen über die gemäß diesem Artikel eingegangenen Meldungen, wobei sie die Vertraulichkeit und den angemessenen Schutz der von der meldenden Einrichtung übermittelten Informationen sicherstellen. Unbeschadet der Verhütung, Ermittlung, Aufdeckung und Verfolgung von Straftaten dürfen die freiwilligen Meldungen nicht dazu führen, dass der meldenden Einrichtung zusätzliche Verpflichtungen auferlegt werden, die nicht für sie gegolten hätten, wenn sie die Meldung nicht übermittelt hätte.

KAPITEL VII AUFSICHT UND DURCHSETZUNG

Artikel 31 Allgemeine Aspekte der Aufsicht und Durchsetzung

(1)   Die Mitgliedstaaten stellen sicher, dass die zuständigen Behörden die Einhaltung der Verpflichtungen aus dieser Richtlinie wirksam beaufsichtigen und die erforderlichen Maßnahmen treffen.

(2)   Die Mitgliedstaaten können ihren zuständigen Behörden gestatten, Aufsichtsaufgaben zu priorisieren. Diese Priorisierung beruht auf einem risikobasierten Ansatz. Zu diesem Zweck können die zuständigen Behörden bei der Wahrnehmung ihrer in den Artikeln 32 und 33 aufgeführten

Aufsichtsaufgaben Aufsichtsmethoden festlegen, die eine Priorisierung dieser Aufgaben auf der Grundlage eines risikobasierten Ansatzes ermöglichen.

(3)   Unbeschadet der Zuständigkeiten und Aufgaben der Aufsichtsbehörden gemäß der Verordnung (EU) 2016/679 arbeiten die zuständigen Behörden bei der Bearbeitung von Sicherheitsvorfällen, die zur Verletzung des Schutzes personenbezogener Daten führen, eng mit den Aufsichtsbehörden gemäß jener Verordnung zusammen.

(4)   Unbeschadet der nationalen rechtlichen und institutionellen Rahmenbedingungen stellen die Mitgliedstaaten sicher, dass die zuständigen Behörden bei der Überwachung der Einhaltung dieser Richtlinie durch Einrichtungen der öffentlichen Verwaltung und bei der Verhängung von Durchsetzungsmaßnahmenbei Verstößen gegen diese Richtlinie über die geeigneten Befugnisse verfügen, um diese Aufgaben in operativer Unabhängigkeit von den beaufsichtigten Einrichtungen der öffentlichen Verwaltung wahrzunehmen. Die Mitgliedstaaten können entscheiden, ob diesen Einrichtungen im Einklang mit den nationalen rechtlichen und institutionellen Rahmenbedingungen geeignete, verhältnismäßige und wirksame Aufsichts- und Durchsetzungsmaßnahmen auferlegt werden.

Artikel 32 Aufsichts- und Durchsetzungsmaßnahmen in Bezug auf wesentliche Einrichtungen

(1)   Die Mitgliedstaaten stellen sicher, dass die Aufsichts- bzw. Durchsetzungsmaßnahmen, die wesentlichen Einrichtungen in Bezug auf die in dieser Richtlinie festgelegten Verpflichtungen auferlegt werden, unter Berücksichtigung der Umstände des Einzelfalls wirksam, verhältnismäßig und abschreckend sind.

(2)   Die Mitgliedstaaten stellen sicher, dass die zuständigen Behörden bei der Wahrnehmung ihrer Aufsichtsaufgaben in Bezug auf wesentliche Einrichtungen befugt sind, in Bezug auf diese Einrichtungen mindestens folgende Maßnahmen vorzunehmen:

a)	Vor-Ort-Kontrollen und externe Aufsichts-maßnahmen, einschließlich von geschulten Fachleuten durchgeführten Stichprobenkontrollen;

b)	regelmäßige und gezielte Sicherheitsprüfungen, die von einer unabhängigen Stelle oder einer zuständigen Behörde durchgeführt werden;

c)	Ad-hoc-Prüfungen, einschließlich solcher, die aufgrund eines erheblichen Sicherheitsvorfalls oder Verstoßes gegen diese Richtlinie der wesentlichen Einrichtung gerechtfertigt sind;

d)	Sicherheitsscans auf der Grundlage objektiver, nichtdiskriminierender, fairer und transparenter Risikobewertungskriterien, erforderlichenfalls in Zusammenarbeit mit der betreffenden Einrichtung;

e)	Anforderung von Informationen, die für die Bewertung der von der betreffenden Einrichtung ergriffenen Risikomanagementmaßnahmen im Bereich der Cybersicherheit erforderlich sind, einschließlich dokumentierter Cybersicherheitskonzepte, sowie der Einhaltung der Verpflichtungen zur Übermittlung von Informationen an die zuständigen Behörden nach Artikel 27;

f)	Anforderung des Zugangs zu Daten, Dokumenten und sonstigen Informationen, die zur Erfüllung der Aufsichtsaufgaben erforderlich sind;

g)	Anforderung von Nachweisen für die Umsetzung der Cybersicherheitskonzepte, z. B. der Ergebnisse von Sicherheitsprüfungen, die von einem qualifizierten Prüfer durchgeführt wurden, und der entsprechenden zugrunde liegenden Nachweise.

Die in Unterabsatz 1 Buchstabe b genannten gezielten Sicherheitsprüfungen stützen sich auf Risikobewertungen, die von der zuständigen Behörde oder der geprüften Einrichtung durchgeführt werden, oder auf sonstige verfügbare risikobezogene Informationen.

Die Ergebnisse einer gezielten Sicherheitsprüfung sind der zuständigen Behörde zur Verfügung zu stellen. Die Kosten einer solchen gezielten Sicherheitsprüfung, die von einer unabhängigen Stelle durchgeführt wird, sind von der geprüften Einrichtung zu tragen, es sei denn, die zuständige Behörde trifft in hinreichend begründeten Fällen eine anderslautende Entscheidung.

(3)   Bei der Ausübung ihrer Befugnisse nach Absatz 2 Buchstaben e, f oder g geben die zuständigen Behörden den Zweck der Anfrage und die erbetenen Informationen an.

(4)   Die Mitgliedstaaten stellen sicher, dass ihre zuständigen Behörden bei der Wahrnehmung ihrer Durchsetzungsbefugnisse in Bezug auf wesentliche Einrichtungen mindestens befugt sind,

> a)   Warnungen über Verstöße gegen diese Richtlinie durch die betreffenden Einrichtungen herauszugeben;

> b)   verbindliche Anweisungen zu erlassen, auch in Bezug auf Maßnahmen, die zur Verhütung oder Behebung eines Sicherheitsvorfalls erforderlich sind, sowie Fristen für die Durchführung dieser Maßnahmen und für die Berichterstattung über ihre Durchführung zu setzen, oder Anordnungen zu erlassen, um diese Einrichtungen aufzufordern, die festgestellten Mängel oder die Verstöße gegen diese Richtlinie zu beheben;

> c)   die betreffenden Einrichtungen anzuweisen, das gegen diese Richtlinie verstoßende Verhalten einzustellen und von Wiederholungen abzusehen;

> d)   die betreffenden Einrichtungen anzuweisen, entsprechend bestimmten Vorgaben und innerhalb einer bestimmten Frist sicherzustellen, dass ihre Risikomanagementmaßnahmen im Bereich der Cybersicherheit mit Artikel 21 im Einklang stehen, bzw. die in Artikel 23 festgelegten Berichtspflichten zu erfüllen;

e)   die betreffenden Einrichtungen anzuweisen, die natürlichen oder juristischen Personen, für die sie Dienste erbringen oder Tätigkeiten ausüben und die potenziell von einer erheblichen Cyberbedrohung betroffen sind, über die Art der Bedrohung und mögliche Abwehr- oder Abhilfemaßnahmen zu unterrichten, die von diesen natürlichen oder juristischen Personen als Reaktion auf diese Bedrohung ergriffen werden können;

f)   die betreffenden Einrichtungen anzuweisen, die im Rahmen einer Sicherheitsprüfung formulierten Empfehlungen innerhalb einer angemessenen Frist umzusetzen;

g)   für einen bestimmten Zeitraum einen mit genau festgelegten Aufgaben betrauten Überwachungsbeauftragten zu benennen, der die Einhaltung der Artikel 21 und 23 durch die betreffenden Einrichtungen überwacht;

h)   die betreffenden Einrichtungen anzuweisen, Aspekte der Verstöße gegen diese Richtlinie entsprechend bestimmten Vorgaben öffentlich bekannt zu machen;

i)   gemäß einzelstaatlichem Recht zusätzlich zu jeglichen der unter den Buchstaben a bis h dieses Absatzes genannten Maßnahmen eine Geldbuße gemäß Artikel 34 zu verhängen oder die zuständigen Stellen oder Gerichte um die Verhängung einer solchen Geldbuße zu ersuchen.

(5)   Erweisen sich die gemäß Absatz 4 Buchstaben a bis d und f ergriffenen Durchsetzungsmaßnahmen als unwirksam, so stellen die Mitgliedstaaten sicher, dass ihre zuständigen Behörden befugt sind, eine Frist festzusetzen, innerhalb derer die wesentliche Einrichtung die erforderlichen Maßnahmen ergreifen muss, um die Mängel zu beheben oder die Anforderungen dieser Behörden zu erfüllen. Für den Fall, dass die geforderten Maßnahmen nicht innerhalb der gesetzten Frist ergriffen werden, stellen die Mitgliedstaaten sicher, dass ihre zuständigen Behörden befugt sind,

a)	die Zertifizierung oder Genehmigung für einen Teil oder alle von der wesentlichen Einrichtung erbrachten einschlägigen Dienste oder Tätigkeiten vorübergehend auszusetzen oder eine Zertifizierungs- oder Genehmigungsstelle oder ein Gericht im Einklang mit dem nationalen Recht aufzufordern, die Zertifizierung oder Genehmigung vorübergehend auszusetzen;

b)	zu verlangen, dass die zuständigen Stellen oder Gerichte im Einklang mit dem nationalen Recht natürlichen Personen, die auf Geschäftsführungs- bzw. Vorstandsebene oder Ebene des rechtlichen Vertreters für Leitungsaufgaben in dieser wesentlichen Einrichtung zuständig sind, vorübergehend untersagen, Leitungsaufgaben in dieser Einrichtung wahrzunehmen.

Die gemäß diesem Absatz verhängten vorübergehenden Aussetzungen oder Verbote werden nur so lange angewandt, bis die betreffende Einrichtung die erforderlichen Maßnahmen ergreift, um die Mängel zu beheben oder die Anforderungen der zuständigen Behörde, wegen deren Nichterfüllung die Durchsetzungsmaßnahmenverhängt wurden, zu erfüllen. Für die Verhängung solcher vorübergehenden Aussetzungen oder Verbote muss es angemessene Verfahrensgarantien geben, die den allgemeinen Grundsätzen des Unionsrechts und der Charta, einschließlich des Rechts auf einen wirksamen Rechtsbehelf und ein unparteiisches Gericht, der Unschuldsvermutung und der Verteidigungsrechte, entsprechen.

Die in diesem Absatz vorgesehenen Durchsetzungsmaßnahmen finden keine Anwendung auf Einrichtungen der öffentlichen Verwaltung, die dieser Richtlinie unterliegen.

(6)	Die Mitgliedstaaten stellen sicher, dass jede natürliche Person, die für eine wesentliche Einrichtung verantwortlich ist oder auf der Grundlage ihrer Vertretungsbefugnis, der Befugnis, im Namen der Einrichtung Entscheidungen zu treffen, oder ihrer Kontrollbefugnis über die Einrichtung als Vertreterin der wesentlichen Einrichtung handelt, befugt ist zu gewährleisten, dass die Einrichtung diese Richtlinie erfüllt. Die Mitgliedstaaten stellen sicher, dass diese natürlichen Personen für Verstöße gegen ihre Pflichten zur Gewährleistung der Einhaltung dieser Richtlinie haftbar gemacht werden können.

Für Einrichtungen der öffentlichen Verwaltung gilt dieser Absatz unbeschadet der nationalen Rechtsvorschriften über die Haftung von öffentlichen Bediensteten und von gewählten oder ernannten Amtsträgern.

(7)   Bei der Ergreifung von Durchsetzungsmaßnahmen gemäß Absatz 4 oder 5 müssen die zuständigen Behörden die Verteidigungsrechte einhalten und den Umständen des Einzelfalls Rechnung tragen und dabei zumindest Folgendes gebührend berücksichtigen:

> a)   die Schwere des Verstoßes und die Wichtigkeit der Bestimmungen, gegen die verstoßen wurde, wobei u. a. Folgendes immer als schwerer Verstoß anzusehen ist:
>
> > i)   wiederholte Verstöße,
> >
> > ii)   eine unterlassene Meldung oder Behebung von erheblichen Sicherheitsvorfällen,
> >
> > iii)   eine Nichtbehebung von Mängeln nach verbindlicher Anweisung der zuständigen Behörden,
> >
> > iv)   die Behinderung von Prüfungen oder Überwachungstätigkeiten, die nach der Feststellung eines Verstoßes von der zuständigen Behörde angeordnet wurden, sowie
> >
> > v)   Übermittlung falscher oder grob verfälschender Informationen in Bezug auf Risikomanagementmaßnahmen im Bereich der Cybersicherheit oder Berichtspflichten gemäß den Artikeln 21 und 23.
>
> b)   die Dauer des Verstoßes;
>
> c)   einschlägige frühere Verstöße der betreffenden Einrichtung;

d)   der verursachte materielle oder immaterielle Schaden, darunter finanzieller oder wirtschaftlicher Verlust, Auswirkungen auf andere Dienste und die Zahl der betroffenen Nutzer;

e)   etwaiger Vorsatz oder etwaige Fahrlässigkeit des Urhebers des Verstoßes;

f)   von der Einrichtung ergriffene Maßnahmen zur Verhinderung oder Minderung des materiellen oder immateriellen Schadens;

g)   Einhaltung genehmigter Verhaltensregeln oder genehmigter Zertifizierungsverfahren;

h)   Umfang der Zusammenarbeit der verantwortlichen natürlichen oder juristischen Personen mit den zuständigen Behörden.

(8)   Die zuständigen Behörden müssen ihre Durchsetzungsmaßnahmen ausführlich begründen. Bevor sie solche Maßnahmen ergreifen, teilen die zuständigen Behörden den betreffenden Einrichtungen ihre vorläufigen Erkenntnisse mit. Sie räumen diesen Einrichtungen ferner eine angemessene Frist zur Stellungnahme ein, außer in hinreichend begründeten Fällen, in denen sofortige Maßnahmen zur Verhütung von Sicherheitsvorfällen oder zur Reaktion auf Sicherheitsvorfälle andernfalls beeinträchtigt würden.

(9)   Die Mitgliedstaaten stellen sicher, dass ihre gemäß der vorliegenden Richtlinie zuständigen Behörden bei der Ausübung ihrer Aufsichts- und Durchsetzungsbefugnisse — mit denen sichergestellt werden soll, dass Einrichtungen, die gemäß der Richtlinie (EU) 2022/2557 als kritische Einrichtungen eingestuft wurden, diese Richtlinie erfüllen — die gemäß der Richtlinie (EU) 2022/2557 zuständigen Behörden innerhalb desselben Mitgliedstaats unterrichten. Gegebenenfalls können die gemäß der Richtlinie (EU) 2022/2557 zuständigen Behörden die gemäß der vorliegenden Richtlinie zuständigen Behörden ersuchen, ihre Aufsichts- und Durchsetzungsbefugnisse in Bezug auf eine Einrichtung, die gemäß der Richtlinie (EU) 2022/2557 als kritische Einrichtung eingestuft wird, auszuüben.

(10)   Die Mitgliedstaaten stellen sicher, dass ihre gemäß der vorliegenden Richtlinie zuständigen Behörden mit den

gemäß der Verordnung (EU) 2022/2554 jeweils zuständigen Behörden des betreffenden Mitgliedstaats zusammenarbeiten. Insbesondere stellen die Mitgliedstaaten sicher, dass ihre gemäß dieser Richtlinie zuständigen Behörden bei der Ausübung ihrer Aufsichts- und Durchsetzungsbefugnisse — mit denen sichergestellt werden soll, dass wesentliche Einrichtungen, die als IKT-Drittanbieter gemäß Artikel 31 der Verordnung (EU) 2022/2554 benannt wurden, diese Richtlinie erfüllen — das gemäß Artikel 32 Absatz 1 der Verordnung (EU) 2022/2554 eingerichtete Überwachungsforum unterrichten.

Artikel 33 Aufsichts- und Durchsetzungsmaßnahmen in Bezug auf wichtige Einrichtungen

(1)   Werden Nachweise, Hinweise oder Informationen vorgelegt, wonach eine wichtige Einrichtung mutmaßlich dieser Richtlinie, insbesondere deren Artikeln 21 und 23, nicht nachkommt, so stellen die Mitgliedstaaten sicher, dass die zuständigen Behörden erforderlichenfalls im Wege von nachträglichen Aufsichtsmaßnahmen tätig werden. Die Mitgliedstaaten stellen sicher, dass diese Maßnahmen wirksam, verhältnismäßig und abschreckend sind, wobei die Umstände des Einzelfalls jeweils zu berücksichtigen sind.

(2)   Die Mitgliedstaaten stellen sicher, dass die zuständigen Behörden bei der Wahrnehmung ihrer Aufsichtsaufgaben in Bezug auf wichtige Einrichtungen befugt sind, in Bezug auf diese Einrichtungen mindestens folgende Maßnahmen vorzunehmen:

a)   Vor-Ort-Kontrollen und externe nachträgliche Aufsichtsmaßnahmen, die von geschulten Fachkräften durchgeführt werden;

b)   gezielte Sicherheitsprüfungen, die von einer unabhängigen Stelle oder einer zuständigen Behörde durchgeführt werden;

c)   Sicherheitsscans auf der Grundlage objektiver, nichtdiskriminierender, fairer und transparenter Risikobewertungskriterien, erforderlichenfalls auch in Zusammenarbeit mit der betreffenden Einrichtung;

d)   Anforderung von Informationen, die für die nachträgliche Bewertung der von der betreffenden Einrichtung ergriffenen Risikomanagementmaßnahmen im Bereich der Cybersicherheit erforderlich sind, einschließlich dokumentierter Cybersicherheitskonzepte, sowie der Einhaltung der Verpflichtungen zur Übermittlung von Informationen an die zuständigen Behörden nach Artikel 27;

e)   Anforderung des Zugangs zu Daten, Dokumenten und sonstigen Informationen, die zur Erfüllung ihrer Aufsichtsaufgaben erforderlich sind;

f)   Anforderung von Nachweisen für die Umsetzung der Cybersicherheitskonzepte, z. B. der Ergebnisse von von einem qualifizierten Prüfer durchgeführten Sicherheitsprüfungen und der entsprechenden zugrunde liegenden Nachweise.

Die in Unterabsatz 1 Buchstabe b genannten gezielten Sicherheitsprüfungen stützen sich auf Risikobewertungen, die von der zuständigen Behörde oder der geprüften Einrichtung durchgeführt werden, oder auf sonstige verfügbare risikobezogene Informationen.

Die Ergebnisse gezielter Sicherheitsprüfungen sind der zuständigen Behörde zur Verfügung zu stellen. Die Kosten einer solchen gezielten Sicherheitsprüfung, die von einer unabhängigen Stelle durchgeführt wird, sind von der geprüften Einrichtung zu tragen, es sei denn, die zuständige Behörde trifft in hinreichend begründeten Fällen eine anderslautende Entscheidung.

(3)   Bei der Ausübung ihrer Befugnisse nach Absatz 2 Buchstabe d, e oder f geben die zuständigen Behörden den Zweck der Anfrage und die erbetenen Informationen an.

(4)   Die Mitgliedstaaten stellen sicher, dass die zuständigen Behörden bei der Wahrnehmung ihrer Durchsetzungsbefugnisse in Bezug auf wesentliche Einrichtungen mindestens dazu befugt sind,

a)   Warnungen über Verstöße gegen diese Richtlinie durch die betreffenden Einrichtungen herauszugeben;

b)   verbindliche Anweisungen oder Anordnungen zu erlassen, um die betreffenden Einrichtungen aufzufordern, die festgestellten Mängel oder den Verstoß gegen diese Richtlinie zu beheben;

c)   die betreffenden Einrichtungen anzuweisen, das gegen diese Richtlinie verstoßende Verhalten einzustellen und von Wiederholungen abzusehen;

d)   die betreffenden Einrichtungen anzuweisen, entsprechend bestimmten Vorgaben und innerhalb einer bestimmten Frist sicherzustellen, dass ihre Risikomanagementmaßnahmen im Bereich der Cybersicherheit mit Artikel 21 im Einklang stehen, bzw. die in Artikel 23 festgelegten Berichtspflichten zu erfüllen;

e)   die betreffenden Einrichtungen anzuweisen, die natürlichen oder juristischen Personen, für die sie Dienste erbringen oder Tätigkeiten ausüben und die potenziell von einer erheblichen Cyberbedrohung betroffen sind, über die Art der Bedrohung und mögliche Abwehr- oder Abhilfemaßnahmen zu unterrichten, die von diesen natürlichen oder juristischen Personen als Reaktion auf diese Bedrohung ergriffen werden können;

f)   die betreffenden Einrichtungen anzuweisen, die im Rahmen einer Sicherheitsprüfung formulierten Empfehlungen innerhalb einer angemessenen Frist umzusetzen;

g)   die betreffenden Einrichtungen anzuweisen, Aspekte der Verstöße gegen diese Richtlinie entsprechend bestimmten Vorgaben öffentlich bekannt zu machen;

h)   gemäß einzelstaatlichem Recht zusätzlich zu jeglichen der unter den Buchstaben a bis g dieses Absatzes genannten Maßnahmen eine Geldbuße gemäß Artikel 34 zu verhängen oder die zuständigen Stellen oder Gerichte um die Verhängung einer solchen Geldbuße zu ersuchen.

(5)   Artikel 32 Absätze 6, 7 und 8 gelten entsprechend für die Aufsichts- und Durchsetzungsmaßnahmen, die in diesem Artikel für wichtige Einrichtungen vorgesehen sind.

(6)   Die Mitgliedstaaten stellen sicher, dass ihre gemäß der vorliegenden Richtlinie zuständigen Behörden mit den gemäß der Verordnung (EU) 2022/2554 jeweils zuständigen Behörden des betreffenden Mitgliedstaats zusammenarbeiten. Insbesondere stellen die Mitgliedstaaten sicher, dass ihre gemäß dieser Richtlinie zuständigen Behörden bei der Ausübung ihrer Aufsichts- und Durchsetzungsbefugnisse — mit denen sichergestellt werden soll, dass wichtige Einrichtungen, die als IKT-Drittanbieter gemäß Artikel 31 der Verordnung (EU) 2022/2554 benannt wurden, diese Richtlinie erfüllen — das gemäß Artikel 32 Absatz 1 der Verordnung (EU) 2022/2554 eingerichtete Überwachungsforum unterrichten.

Artikel 34 Allgemeine Bedingungen für die Verhängung von Geldbußen gegen wesentliche und wichtige Einrichtungen

(1)   Die Mitgliedstaaten stellen sicher, dass die Geldbußen, die gemäß dem vorliegenden Artikel gegen wesentliche und wichtige Einrichtungen in Bezug auf Verstöße gegen diese Richtlinie verhängt werden, unter Berücksichtigung der Umstände des Einzelfalls wirksam, verhältnismäßig und abschreckend sind.

(2)   Geldbußen werden zusätzlich zu jeglichen der Maßnahmen nach Artikel 32 Absatz 4 Buchstaben a bis h, Artikel 32 Absatz 5 und Artikel 33 Absatz 4 Buchstaben a bis g verhängt.

(3)   Bei der Entscheidung über die Verhängung einer Geldbuße und deren Höhe sind in jedem Einzelfall zumindest die in Artikel 32 Absatz 7 genannten Elemente gebührend zu berücksichtigen.

(4)   Die Mitgliedstaaten stellen sicher, dass gegen wesentliche Einrichtungen, die gegen Artikel 21 oder 23 verstoßen, im Einklang mit den Absätzen 2 und 3 des vorliegenden Artikels Geldbußen mit einem Höchstbetrag von mindestens 10000000 EUR oder mit einem Höchstbetrag

von mindestens 2 % des gesamten weltweiten im vorangegangenen Geschäftsjahr getätigten Umsatzes des Unternehmens, dem die wesentliche Einrichtung angehört, verhängt werden, je nachdem, welcher Betrag höher ist.

(5) Die Mitgliedstaaten stellen sicher, dass gegen wichtige Einrichtungen, die gegen Artikel 21 oder 23 verstoßen, im Einklang mit den Absätzen 2 und 3 des vorliegenden Artikels Geldbußen mit einem Höchstbetrag von mindestens 7000000 EUR oder mit einem Höchstbetrag von mindestens 1,4 % des gesamten weltweiten im vorangegangenen Geschäftsjahr getätigten Umsatzes des Unternehmens, dem die wichtige Einrichtung angehört, verhängt werden, je nachdem, welcher Betrag höher ist.

(6) Die Mitgliedstaaten können die Befugnis vorsehen, Zwangsgelder zu verhängen, um eine wesentliche oder wichtige Einrichtung zu zwingen, einen Verstoß gegen diese Richtlinie gemäß einer vorherigen Entscheidung der zuständigen Behörde einzustellen.

(7) Unbeschadet der Befugnisse der zuständigen Behörden gemäß den Artikeln 32 und 33 kann jeder Mitgliedstaat Vorschriften dafür festlegen, ob und in welchem Umfang gegen Einrichtungen der öffentlichen Verwaltung Geldbußen verhängt werden können.

(8) Sieht die Rechtsordnung eines Mitgliedstaats keine Geldbußen vor, so stellt dieser Mitgliedstaat sicher, dass dieser Artikel so angewandt wird, dass die Geldbuße von der zuständigen Behörde in die Wege geleitet und von den zuständigen nationalen Gerichten verhängt wird, wobei sicherzustellen ist, dass diese Rechtsbehelfe wirksam sind und die gleiche Wirkung wie die von den zuständigen Behörden verhängten Geldbußen haben. In jedem Fall müssen die verhängten Geldbußen wirksam, verhältnismäßig und abschreckend sein. Der betreffende Mitgliedstaat teilt der Kommission bis zum 17. Oktober 2024 die Rechtsvorschriften, die er aufgrund dieses Absatzes erlässt, sowie unverzüglich alle nachfolgenden Änderungsgesetze oder Änderungen dieser Vorschriften mit.

Artikel 35 Verstöße mit Verletzungen des Schutzes personenbezogener Daten

(1)   Stellen die zuständigen Behörden im Zuge der Beaufsichtigung oder Durchsetzung fest, dass der Verstoß einer wesentlichen oder wichtigen Einrichtung gegen die in den Artikeln 21 und 23 der vorliegenden Richtlinie festgelegten Verpflichtungen eine Verletzung des Schutzes personenbezogener Daten im Sinne von Artikel 4 Nummer 12 der Verordnung (EU) 2016/679 zur Folge haben kann, die gemäß Artikel 33 der genannten Verordnung zu melden ist, unterrichten sie unverzüglich die in Artikel 55 oder 56 jener Verordnung genannten Aufsichtsbehörden.

(2)   Verhängen die in Artikel 55 oder 56 der Verordnung (EU) 2016/679 genannten Aufsichtsbehörden gemäß Artikel 58 Absatz 2 Buchstabe i der genannten Verordnung eine Geldbuße, so dürfen die zuständigen Behörden für einen Verstoß im Sinne von Absatz 1 des vorliegenden Artikels, der sich aus demselben Verhalten ergibt wie jener Verstoß, der Gegenstand der Geldbuße nach Artikel 58 Absatz 2 Buchstabe i der Verordnung (EU) 2016/679 war, keine Geldbuße nach Artikel 34 der vorliegenden Richtlinie verhängen. Die zuständigen Behörden können jedoch die Durchsetzungsmaßnahmen gemäß Artikel 32 Absatz 4 Buchstaben a bis h, Artikel 32 Absatz 5 und Artikel 33 Absatz 4 Buchstaben a bis g dieser Richtlinie anwenden bzw. verhängen.

(3)   Ist die gemäß der Verordnung (EU) 2016/679 zuständige Aufsichtsbehörde in einem anderen Mitgliedstaat angesiedelt als die zuständige Behörde, so setzt die zuständige Behörde die in ihrem eigenen Mitgliedstaat angesiedelte Aufsichtsbehörde über die mögliche Verletzung des Schutzes personenbezogener Daten nach Absatz 1 in Kenntnis.

Artikel 36 Sanktionen

Die Mitgliedstaaten erlassen Vorschriften über Sanktionen, die bei Verstößen gegen die gemäß dieser Richtlinie erlassenen nationalen Maßnahmen zu verhängen sind, und treffen alle für die Anwendung der Sanktionen erforderlichen Maßnahmen. Die vorgesehenen Sanktionen müssen wirksam, verhältnismäßig und abschreckend sein. Die Mitgliedstaaten teilen der Kommission diese Vorschriften und Maßnahmen bis zum 17. Januar 2025 mit und melden ihr unverzüglich alle diesbezüglichen Änderungen.

Artikel 37 Amtshilfe

(1)   Wenn eine Einrichtung ihre Dienste in mehr als einem Mitgliedstaat erbringt oder wenn sie ihre Dienste in einem oder mehreren Mitgliedstaaten erbringt und sich ihre Netz- und Informationssysteme in einem oder mehreren anderen Mitgliedstaaten befinden, so arbeiten die zuständigen Behörden der betreffenden Mitgliedstaaten zusammen und unterstützen einander. Diese Zusammenarbeit umfasst mindestens Folgendes:

a)   über die zentralen Anlaufstellen unterrichten die zuständigen Behörden, die in einem Mitgliedstaat Aufsichts- oder Durchsetzungsmaßnahmen ergreifen, die zuständigen Behörden in den anderen betreffenden Mitgliedstaaten über die Aufsichts- und Durchsetzungsmaßnahmen und konsultieren sie zu diesen;

b)   eine zuständige Behörde kann eine andere zuständige Behörde ersuchen, Aufsichts- oder Durchsetzungsmaßnahmen zu ergreifen;

c)   auf begründetes Ersuchen einer anderen zuständigen Behörde leistet eine zuständige Behörde der ersuchenden Behörde in einem ihren zur Verfügung stehenden Ressourcen angemessenen Umfang Amtshilfe, damit die Aufsichts- oder Durchsetzungsmaßnahmen wirksam, effizient und kohärent durchgeführt werden können.

Die in Unterabsatz 1 Buchstabe c genannte Amtshilfe kann Auskunftsersuchen und Aufsichtsmaßnahmen umfassen, einschließlich Ersuchen um Durchführung von Vor-Ort-Kontrollen und externen Aufsichtsmaßnahmen oder gezielten Sicherheitsprüfungen. Die ersuchte zuständige Behörde darf das Amtshilfeersuchen nur ablehnen, wenn festgestellt wird, dass sie für die erbetene Amtshilfe nicht zuständig ist, dass die ersuchte Amtshilfe in keinem angemessenen Verhältnis zu den Aufsichtsaufgaben der zuständigen Behörde steht oder dass das Ersuchen Informationen betrifft oder Tätigkeiten umfasst, deren Offenlegung bzw. Ausführung den wesentlichen Interessen der Mitgliedstaaten im Bereich der nationalen Sicherheit, der öffentlichen Sicherheit oder der Landesverteidigung des betreffenden Mitgliedstaats zuwiderlaufen würde. Bevor die zuständige Behörde einen solchen Antrag ablehnt, konsultiert sie die anderen betreffenden zuständigen Behörden sowie — auf Ersuchen eines der betreffenden Mitgliedstaaten — die Kommission und die ENISA.

(2)   Die zuständigen Behörden verschiedener Mitgliedstaaten können, wenn angezeigt und im gegenseitigen Einvernehmen, gemeinsame Aufsichtsmaßnahmen durchführen.

KAPITEL VIII DELEGIERTE RECHTSAKTE UND DURCHFÜHRUNGSRECHTSAKTE

Artikel 38 Ausübung der Befugnisübertragung

(1)   Die Befugnis zum Erlass delegierter Rechtsakte wird der Kommission unter den in diesem Artikel festgelegten Bedingungen übertragen.

(2)   Die Befugnis zum Erlass delegierter Rechtsakte gemäß Artikel 24 Absatz 2 wird der Kommission für einen Zeitraum von fünf Jahren ab dem 16. Januar 2023 übertragen.

(3)   Die Befugnisübertragung gemäß Artikel 24 Absatz 2 kann vom Europäischen Parlament oder vom Rat jederzeit widerrufen werden. Der Beschluss über den Widerruf beendet die Übertragung der in diesem Beschluss angegebenen Befugnis. Er wird am Tag nach seiner Veröffentlichung im *Amtsblatt der Europäischen Union* oder zu einem im Beschluss über den Widerruf angegebenen späteren Zeitpunkt wirksam. Die Gültigkeit von delegierten Rechtsakten, die bereits in Kraft sind, wird von dem Beschluss über den Widerruf nicht berührt.

(4)   Vor dem Erlass eines delegierten Rechtsakts konsultiert die Kommission die von den einzelnen Mitgliedstaaten benannten Sachverständigen, im Einklang mit den in der Interinstitutionellen Vereinbarung vom 13. April 2016 über bessere Rechtsetzung enthaltenen Grundsätzen.

(5)   Sobald die Kommission einen delegierten Rechtsakt erlässt, übermittelt sie ihn gleichzeitig dem Europäischen Parlament und dem Rat.

(6)   Ein delegierter Rechtsakt, der gemäß Artikel 24 Absatz 2 erlassen wurde, tritt nur in Kraft, wenn weder das Europäische Parlament noch der Rat innerhalb einer Frist von zwei Monaten nach Übermittlung dieses Rechtsakts an das Europäische Parlament und den Rat Einwände erhoben haben oder wenn vor Ablauf dieser Frist das Europäische Parlament und der Rat beide der Kommission mitgeteilt haben, dass sie keine Einwände erheben werden. Auf Initiative des Europäischen Parlaments oder des Rates wird diese Frist um zwei Monate verlängert.

Artikel 39 Ausschussverfahren

(1)   Die Kommission wird von einem Ausschuss unterstützt. Dieser Ausschuss ist ein Ausschuss im Sinne der Verordnung (EU) Nr. 182/2011.

(2)   Wird auf diesen Absatz Bezug genommen, so gilt Artikel 5 der Verordnung (EU) Nr. 182/2011.

(3)   Wird die Stellungnahme des Ausschusses im schriftlichen Verfahren eingeholt, so wird das Verfahren ohne Ergebnis abgeschlossen, wenn der Vorsitz des Ausschusses dies innerhalb der Frist zur Abgabe der Stellungnahme beschließt oder ein Ausschussmitglied dies verlangt.

KAPITEL IX SCHLUSSBESTIMMUNGEN

Artikel 40 Überprüfung

Bis zum 17. Oktober 2027 und danach alle 36 Monate überprüft die Kommission die Anwendung dieser Richtlinie und erstattet dem Europäischen Parlament und dem Rat

Bericht. In dem Bericht wird insbesondere die Relevanz der Größe der betreffenden Einrichtungen, und der Sektoren, der Teilsektoren und der Arten der in den Anhängen I und II genannten Einrichtung für das Funktionieren der Wirtschaft und Gesellschaft in Bezug auf die Cybersicherheit bewertet. Zu diesem Zweck berücksichtigt die Kommission im Hinblick auf die weitere Förderung der strategischen und operativen Zusammenarbeit die Berichte der Kooperationsgruppe und des CSIRTs-Netzwerks über die auf strategischer und operativer Ebene gemachten Erfahrungen. Dem Bericht ist erforderlichenfalls ein Gesetzgebungsvorschlag beizufügen.

Artikel 41 Umsetzung

(1)   Bis zum 17. Oktober 2024 erlassen und veröffentlichen die Mitgliedstaaten die erforderlichen Vorschriften, um dieser Richtlinie nachzukommen. Sie setzen die Kommission unverzüglich davon in Kenntnis.

Sie wenden diese Vorschriften ab dem 18. Oktober 2024 an.

(2)   Bei Erlass der in Absatz 1 genannten Vorschriften nehmen die Mitgliedstaaten in den Vorschriften selbst oder durch einen Hinweis bei der amtlichen Veröffentlichung auf diese Richtlinie Bezug. Die Mitgliedstaaten regeln die Einzelheiten dieser Bezugnahme.

Artikel 42 Änderung der Verordnung (EU) Nr. 910/2014

In der Verordnung (EU) Nr. 910/2014 wird Artikel 19 mit Wirkung vom 18. Oktober 2024 gestrichen.

Artikel 43 Änderung der Richtlinie (EU) 2018/1972

In der Richtlinie (EU) 2018/1972 werden die Artikel 40 und 41 mit Wirkung vom 18. Oktober 2024 gestrichen.

Artikel 44 Aufhebung

Die Richtlinie (EU) 2016/1148 wird mit Wirkung vom 18. Oktober 2024 aufgehoben.

Bezugnahmen auf die durch die vorliegende Richtlinie aufgehobene Richtlinie gelten als Bezugnahmen auf die vorliegende Richtlinie und sind nach Maßgabe der Entsprechungstabelle in Anhang III zu lesen.

Artikel 45 Inkrafttreten

Diese Richtlinie tritt am zwanzigsten Tag nach ihrer Veröffentlichung im *Amtsblatt der Europäischen Union* in Kraft.

Artikel 46 Adressaten

Diese Richtlinie ist an die Mitgliedstaaten gerichtet.

Geschehen zu Straßburg am 14. Dezember 2022.

Im Namen des Europäischen Parlaments

Die Präsidentin

R. METSOLA

Im Namen des Rates

Der Präsident

M. BEK

ANHANG I: SEKTOREN MIT HOHER KRITIKALITÄT

Sektor	Teilsektor	Art der Einrichtung
a)	Elektrizität	Elektrizitätsunternehmen im Sinne des Artikels 2 Nummer 57 der Richtlinie (EU) 2019/944 des Europäischen Parlaments und des Rates, die die Funktion „Versorgung" im Sinne des Artikels 2 Nummer 12 jener Richtlinie wahrnehmen
		Verteilernetzbetreiber im Sinne von Artikel 2 Nummer 29 der Richtlinie (EU) 2019/944
		Übertragungsnetzbetreiber im Sinne des Artikels 2 Nummer 35 der Richtlinie (EU) 2019/944
		Erzeuger im Sinne des Artikels 2 Nummer 38 der Richtlinie (EU) 2019/944
		nominierte Strommarktbetreiber im Sinne des Artikels 2 Nummer 8 der Verordnung (EU) 2019/943 des Europäischen Parlaments und des Rates
		Marktteilnehmer im Sinne des Artikels 2 Nummer 25 der Verordnung (EU) 2019/943, die Aggregierungs-, Laststeuerungs- oder Energiespeicherungsdienste im Sinne des Artikels 2 Nummern 18, 20 und 59 der Richtlinie (EU) 2019/944 anbieten
		Betreiber von Ladepunkten, die für die Verwaltung und den Betrieb eines Ladepunkts zuständig sind und Endnutzern einen Aufladedienst erbringen, auch im Namen und Auftrag eines Mobilitätsdienstleisters

1. Energie	b)	Fernwärme und -kälte	Betreiber von Fernwärme oder Fernkälte im Sinne des Artikels 2 Nummer 19 der Richtlinie (EU) 2018/2001 des Europäischen Parlaments und des Rates
	c)	Erdöl	Betreiber von Erdöl-Fernleitungen
			Betreiber von Anlagen zur Produktion, Raffination und Aufbereitung von Erdöl sowie Betreiber von Erdöllagern und Erdöl-Fernleitungen
			zentrale Bevorratungsstellen im Sinne des Artikels 2 Buchstabe f der Richtlinie 2009/119/EG des Rates
	d)	Erdgas	Versorgungsunternehmen im Sinne des Artikels 2 Nummer 8 der Richtlinie 2009/73/EG des Europäischen Parlaments und des Rates
			Verteilernetzbetreiber im Sinne des Artikels 2 Nummer 6 der Richtlinie 2009/73/EG
			Fernleitungsnetzbetreiber im Sinne des Artikels 2 Nummer 4 der Richtlinie 2009/73/EG
			Betreiber einer Speicheranlage im Sinne des Artikels 2 Nummer 10 der Richtlinie 2009/73/EG
			Betreiber einer LNG-Anlage im Sinne des Artikels 2 Nummer 12 der Richtlinie 2009/73/EG
			Erdgasunternehmen im Sinne des Artikels 2 Nummer 1 der Richtlinie 2009/73/EG
			Betreiber von Anlagen zur Raffination und Aufbereitung von Erdgas

e)	Wasserstoff	Betreiber im Bereich Wasserstofferzeugung, -speicherung und -fernleitung
a)	Luftverkehr	Luftfahrtunternehmen im Sinne des Artikels 3 Nummer 4 der Verordnung (EG) Nr. 300/2008, die für gewerbliche Zwecke genutzt werden
		Flughafenleitungsorgane im Sinne des Artikels 2 Nummer 2 der Richtlinie 2009/12/EG des Europäischen Parlaments und des Rates, Flughäfen im Sinne des Artikels 2 Nummer 1 jener Richtlinie, einschließlich der in Anhang II Abschnitt 2 der Verordnung (EU) Nr. 1315/2013 des Europäischen Parlaments und des Rates aufgeführten Flughäfen des Kernnetzes, und Einrichtungen, die innerhalb von Flughäfen befindliche zugehörige Einrichtungen betreiben
		Betreiber von Verkehrsmanagement- und Verkehrssteuerungssystemen, die Flugverkehrskontrolldienste im Sinne des Artikels 2 Nummer 1 der Verordnung (EG) Nr. 549/2004 des Europäischen Parlaments und des Rates bereitstellen
b)	Schienenverkehr	Infrastrukturbetreiber im Sinne des Artikels 3 Nummer 2 der Richtlinie 2012/34/EU des Europäischen Parlaments und des Rates
		Eisenbahnunternehmen im Sinne des Artikels 3 Nummer 1 der Richtlinie 2012/34/EU, einschließlich Betreiber einer Serviceeinrichtung im Sinne des Artikels 3 Nummer 12 jener Richtlinie

2. Verkehr			Passagier- und Frachtbeförderungsunternehmen der Binnen-, See- und Küstenschifffahrt, wie sie in Anhang I der Verordnung (EG) Nr. 725/2004 des Europäischen Parlaments und des Rates für die Schifffahrt definiert sind, ausschließlich der einzelnen von diesen Unternehmen betriebenen Schiffe
	c)	Schifffahrt	Leitungsorgane von Häfen im Sinne des Artikels 3 Nummer 1 der Richtlinie 2005/65/EG des Europäischen Parlaments und des Rates, einschließlich ihrer Hafenanlagen im Sinne des Artikels 2 Nummer 11 der Verordnung (EG) Nr. 725/2004, sowie Einrichtungen, die innerhalb von Häfen befindliche Anlagen und Ausrüstung betreiben
			Betreiber von Schiffsverkehrsdiensten im Sinne des Artikels 3 Buchstabe o der Richtlinie 2002/59/EG des Europäischen Parlaments und des Rates
	d)	Straßenverkehr	Straßenverkehrsbehörden im Sinne des Artikels 2 Nummer 12 der Delegierten Verordnung (EU) 2015/962 der Kommission, die für Verkehrsmanagement und Verkehrssteuerung verantwortlich sind, ausgenommen öffentliche Einrichtungen, für die das Verkehrsmanagement oder der Betrieb intelligenter Verkehrssysteme ein nicht wesentlicher Teil ihrer allgemeinen Tätigkeit ist
			Betreiber intelligenter Verkehrssysteme im Sinne des Artikels 4 Nummer 1 der Richtlinie 2010/40/EU des Europäischen Parlaments und des Rates

3. Bankwe- sen		Kreditinstitute im Sinne von Artikel 4 Nummer 1 der Verordnung (EU) Nr. 575/2013 des Europäischen Parlaments und des Rates
4. Finanz- marktinfra- strukturen		Betreiber von Handelsplätzen im Sinne des Artikels 4 Nummer 24 der Richtlinie 2014/65/EU des Europäischen Parlaments und des Rates
		zentrale Gegenparteien im Sinne des Artikels 2 Nummer 1 der Verordnung (EU) Nr. 648/2012 des Europäischen Parlaments und des Rates
		Gesundheitsdienstleister im Sinne des Artikels 3 Buchstabe g der Richtlinie 2011/24/EU des Europäischen Parlaments und des Rates
		EU-Referenzlaboratorien im Sinne des Artikels 15 der Verordnung (EU) 2022/2371 des Europäischen Parlaments und des Rates

5. Gesund- heitswesen		Einrichtungen, die Forschungs- und Entwicklungstätigkeiten in Bezug auf Arzneimittel im Sinne des Artikels 1 Nummer 2 der Richtlinie 2001/83/EG des Europäischen Parlaments und des Rates ausüben Einrichtungen, die pharmazeutische Erzeugnisse im Sinne des Abschnitts C Abteilung 21 der Statistischen Systematik der Wirtschaftszweige in der Europäischen Gemeinschaft (NACE Rev. 2) herstellen Einrichtungen, die Medizinprodukte herstellen, die während einer Notlage im Bereich der öffentlichen Gesundheit als kritisch im Sinne des Artikels 22 der Verordnung (EU) 2022/123 des Europäischen Parlaments und des Rates („Liste kritischer Medizinprodukte für Notlagen im Bereich der öffentlichen Gesundheit") eingestuft werden
6. Trinkwasser		Lieferanten von und Unternehmen der Versorgung mit „Wasser für den menschlichen Gebrauch" im Sinne des Artikels 2 Nummer 1 Buchstabe a der Richtlinie (EU) 2020/2184 des Europäischen Parlaments und des Rates, jedoch unter Ausschluss der Lieferanten, für die die Lieferung von Wasser für den menschlichen Gebrauch ein nicht wesentlicher Teil ihrer allgemeinen Tätigkeit der Lieferung anderer Rohstoffe und Güter ist

7. Abwasser		Unternehmen, die kommunales Abwasser, häusliches Abwasser oder industrielles Abwasser im Sinne des Artikels 2 Nummern 1, 2 und 3 der Richtlinie 91/271/EWG des Rates sammeln, entsorgen oder behandeln, jedoch unter Ausschluss der Unternehmen, für die das Sammeln, die Entsorgung oder die Behandlung solchen Abwassers ein nicht wesentlicher Teil ihrer allgemeinen Tätigkeit ist
8. Digitale Infrastruktur		Betreiber von Internet-Knoten
		DNS-Diensteanbieter, ausgenommen Betreiber von Root-Namenservern
		TLD-Namenregister
		Anbieter von Cloud-Computing-Diensten
		Anbieter von Rechenzentrumsdiensten
		Betreiber von Inhaltszustellnetzen
		Vertrauensdiensteanbieter
		Anbieter öffentlicher elektronischer Kommunikationsnetze oder
		Anbieter öffentlich zugänglicher elektronischer Kommunikationsdienste

9. Verwaltung von IKT-Diensten (Business-to-Business)		Anbieter verwalteter Dienste Anbieter verwalteter Sicherheitsdienste
10. öffentliche Verwaltung		Einrichtungen der öffentlichen Verwaltung von Zentralregierungen entsprechend der Definition eines Mitgliedstaats gemäß nationalem Recht
		Einrichtungen der öffentlichen Verwaltung auf regionaler Ebene entsprechend der Definition eines Mitgliedstaats gemäß nationalem Recht
11. Weltraum		Betreiber von Bodeninfrastrukturen, die sich im Eigentum von Mitgliedstaaten oder privaten Parteien befinden und von diesen verwaltet und betrieben werden und die Erbringung von weltraumgestützten Diensten unterstützen, ausgenommen Anbieter öffentlicher elektronischer Kommunikationsnetze

ANHANG II

SONSTIGE KRITISCHE SEKTOREN

Sektor	Teilsektor	Art der Einrichtung
1. Post- und Kurierdienste		Anbieter von Postdiensten im Sinne des Artikels 2 Nummer 1a der Richtlinie 97/67/EG, einschließlich Anbieter von Kurierdiensten
2. Abfallbewirtschaftung		Unternehmen der Abfallbewirtschaftung im Sinne des Artikels 3 Nummer 9 der Richtlinie 2008/98/EG des Europäischen Parlaments und des Rates, ausgenommen Unternehmen, für die Abfallbewirtschaftung nicht ihre Hauptwirtschaftstätigkeit ist
3. Produktion, Herstellung und Handel mit chemischen Stoffen		Unternehmen im Sinne des Artikels 3 Nummern 9 und 14 der Verordnung (EG) Nr. 1907/2006 des Europäischen Parlaments und des Rates, die Stoffe herstellen und mit Stoffen oder Gemischen handeln, und Unternehmen, die Erzeugnisse im Sinne des Artikels 3 Nummer 3 der genannten Verordnung aus Stoffen oder Gemischen produzieren

4. Produktion, Verarbeitung und Vertrieb von Lebensmitteln			Lebensmittelunternehmen im Sinne des Artikels 3 Nummer 2 der Verordnung (EG) Nr. 178/2002 des Europäischen Parlaments und des Rates, die im Großhandel sowie in der industriellen Produktion und Verarbeitung tätig sind
5. Verarbeitendes Gewerbe/Herstellung von Waren	a)	Herstellung von Medizinprodukten und In-vitro-Diagnostika	Einrichtungen, die Medizinprodukte im Sinne des Artikels 2 Nummer 1 der Verordnung (EU) 2017/745 des Europäischen Parlaments und des Rates herstellen, und Einrichtungen, die In-vitro-Diagnostika im Sinne des Artikels 2 Nummer 2 der Verordnung (EU) 2017/746 des Europäischen Parlaments und des Rates herstellen, mit Ausnahme der unter Anhang I Nummer 5 fünfter Gedankenstrich dieser Richtlinie aufgeführten Einrichtungen, die Medizinprodukte herstellen
	b)	Herstellung von Datenverarbeitungsgeräten, elektronischen und optischen Erzeugnissen	Unternehmen, die eine der Wirtschaftstätigkeiten im Sinne des Abschnitts C Abteilung 26 der Statistischen Systematik der Wirtschaftszweige in der Europäischen Gemeinschaft (NACE Rev. 2) ausüben
	c)	Herstellung von elektrischen Ausrüstungen	Unternehmen, die eine der Wirtschaftstätigkeiten im Sinne des Abschnitts C Abteilung 27 der Statistischen Systematik der Wirtschaftszweige in der Europäischen Gemeinschaft (NACE Rev. 2) ausüben

d)	Maschinenbau	Unternehmen, die eine der Wirtschaftstätigkeiten im Sinne des Abschnitts C Abteilung 28 der Statistischen Systematik der Wirtschaftszweige in der Europäischen Gemeinschaft (NACE Rev. 2) ausüben
e)	Herstellung von Kraftwagen und Kraftwagenteilen	Unternehmen, die eine der Wirtschaftstätigkeiten im Sinne des Abschnitts C Abteilung 29 der Statistischen Systematik der Wirtschaftszweige in der Europäischen Gemeinschaft (NACE Rev. 2) ausüben
f)	sonstiger Fahrzeugbau	Unternehmen, die eine der Wirtschaftstätigkeiten im Sinne des Abschnitts C Abteilung 30 der Statistischen Systematik der Wirtschaftszweige in der Europäischen Gemeinschaft (NACE Rev. 2) ausüben
6. Anbieter digitaler Dienste		Anbieter von Online-Marktplätzen
		Anbieter von Online-Suchmaschinen
		Anbieter von Plattformen für Dienste sozialer Netzwerke
7. Forschung		Forschungseinrichtungen

ANHANG III: ENTSPRECHUNGSTABELLE

Richtlinie (EU) 2016/1148	Vorliegende Richtlinie
Artikel 1 Absatz 1	Artikel 1 Absatz 1
Artikel 1 Absatz 2	Artikel 1 Absatz 2
Artikel 1 Absatz 3	—
Artikel 1 Absatz 4	Artikel 2 Absatz 12
Artikel 1 Absatz 5	Artikel 2 Absatz 13
Artikel 1 Absatz 6	Artikel 2 Absätze 6 und 11
Artikel 1 Absatz 7	Artikel 4
Artikel 2	Artikel 2 Absatz 14
Artikel 3	Artikel 5
Artikel 4	Artikel 6

Artikel 5	—
Artikel 6	—
Artikel 7 Absatz 1	Artikel 7 Absätze 1 und 2
Artikel 7 Absatz 2	Artikel 7 Absatz 4
Artikel 7 Absatz 3	Artikel 7 Absatz 3
Artikel 8 Absätze 1 bis 5	Artikel 8 Absätze 1 bis 5
Artikel 8 Absatz 6	Artikel 13 Absatz 4
Artikel 8 Absatz 7	Artikel 8 Absatz 6
Artikel 9 Absätze 1, 2 und 3	Artikel 10 Absätze 1, 2 und 3
Artikel 9 Absatz 4	Artikel 10 Absatz 9
Artikel 9 Absatz 5	Artikel 10 Absatz 10
Artikel 10 Absätze 1 und 2 und Absatz 3 Unterabsatz 1	Artikel 13 Absätze 1, 2 und 3

Artikel 10 Absatz 3 Unterabsatz 2	Artikel 23 Absatz 9
Artikel 11 Absatz 1	Artikel 14 Absätze 1 und 2
Artikel 11 Absatz 2	Artikel 14 Absatz 3
Artikel 11 Absatz 3	Artikel 14 Absatz 4 Unterabsatz 1 Buchstaben a bis q und Buchstabe s und Absatz 7
Artikel 11 Absatz 4	Artikel 14 Absatz 4 Unterabsatz 1 Buchstabe r und Unterabsatz 2
Artikel 11 Absatz 5	Artikel 14 Absatz 8
Artikel 12 Absätze 1 bis 5	Artikel 15 Absätze 1 bis 5
Artikel 13	Artikel 17
Artikel 14 Absätze 1 und 2	Artikel 21 Absätze 1 bis 4
Artikel 14 Absatz 3	Artikel 23 Absatz 1
Artikel 14 Absatz 4	Artikel 23 Absatz 3
Artikel 14 Absatz 5	Artikel 23 Absätze 5, 6 und 8

Artikel 14 Absatz 6	Artikel 23 Absatz 7
Artikel 14 Absatz 7	Artikel 23 Absatz 11
Artikel 15 Absatz 1	Artikel 31 Absatz 1
Artikel 15 Absatz 2 Unterabsatz 1 Buchstabe a	Artikel 32 Absatz 2 Buchstabe e
Artikel 15 Absatz 2 Unterabsatz 1 Buchstabe b	Artikel 32 Absatz 2 Buchstabe g
Artikel 15 Absatz 2 Unterabsatz 2	Artikel 32 Absatz 3
Artikel 15 Absatz 3	Artikel 32 Absatz 4 Buchstabe b
Artikel 15 Absatz 4	Artikel 31 Absatz 3
Artikel 16 Absätze 1 und 2	Artikel 21 Absätze 1 bis 4
Artikel 16 Absatz 3	Artikel 23 Absatz 1
Artikel 16 Absatz 4	Artikel 23 Absatz 3
Artikel 16 Absatz 5	—

Artikel 16 Absatz 6	Artikel 23 Absatz 6
Artikel 16 Absatz 7	Artikel 23 Absatz 7
Artikel 16 Absätze 8 und 9	Artikel 21 Absatz 5 und Artikel 23 Absatz 11
Artikel 16 Absatz 10	—
Artikel 16 Absatz 11	Artikel 2 Absätze 1, 2 und 3
Artikel 17 Absatz 1	Artikel 33 Absatz 1
Artikel 17 Absatz 2 Buchstabe a	Artikel 32 Absatz 2 Buchstabe e
Artikel 17 Absatz 2 Buchstabe b	Artikel 32 Absatz 4 Buchstaben b
Artikel 17 Absatz 3	Artikel 37 Absatz 1 Buchstaben a und b
Artikel 18 Absatz 1	Artikel 26 Absatz 1 Buchstabe b und Absatz 2
Artikel 18 Absatz 2	Artikel 26 Absatz 3
Artikel 18 Absatz 3	Artikel 26 Absatz 4

Artikel 19	Artikel 25
Artikel 20	Artikel 30
Artikel 21	Artikel 36
Artikel 22	Artikel 39
Artikel 23	Artikel 40
Artikel 24	—
Artikel 25	Artikel 41
Artikel 26	Artikel 45
Artikel 27	Artikel 46
Anhang I Nummer 1	Artikel 11 Absatz 1
Anhang I Nummer 2 Buchstabe a Ziffern i bis iv	Artikel 11 Absatz 2 Buchstaben a bis d
Anhang I Nummer 2 Buchstabe a Ziffer v	Artikel 11 Absatz 2 Buchstabe f

Anhang I Nummer 2 Buchstabe b	Artikel 11 Absatz 4
Anhang I Nummer 2 Buchstabe c Ziffern i und ii	Artikel 11 Absatz 5 Buchstabe a
Anhang II	Anhang I
Anhang III Nummern 1 und 2	Anhang II Nummer 6
Anhang III Nummer 3	Anhang I Nummer 8